KB054475

세금은 아끼고 분쟁은 예방하는
상속의 기술

39가지 사례로 보는 똑똑한 상속의 모든 것

세금은 아끼고 분쟁은 예방하는
상속의기술

최봉길, 김종필, 전오영, 양소라 지음

매일경제신문사

실생활에서
쉽게 활용할 수 있는 책

이 책은 2013년 내가 국세청장에 취임하면서 했던 "현장에 답이 있다"라는 말을 떠올리게 한다. 공정하고 투명한 조세행정 집행을 통해 국민들의 신뢰를 얻으려면 무엇보다 직원들의 일하는 방식이 하루빨리 현장중심의 실효성 있는 세정활동으로 체질변화가 필요했기에 했던 말이다.

빠르게 변화하는 경제현상들, 그에 대응하는 납세자들의 의식, 행동들, 이런 현장을 도외시한 정책과 행정은 무의미함을 세정 현장에서 수없이 느껴왔다.

현장의 중요성은 공무원 조직에만 해당하지 않는다. 다른 어느 분야이든 현장에서 발생하는 문제들을 끊임없이 연구하고 해결하고자 노력하지 않으면 지속가능한 발전을 이어갈 수 없다.

추천사를 쓰게 된 것은 '수많은 상속관련 현장에서 상속분쟁과 상속세를 오랫동안 연구한 전문가들이 일반 납세자들이 현장에서 유용하게 활용할 수 있도록 고민하여 만든 결과물'이라고 생각해서다.

이 책의 특징들을 잘 활용하여 납세자에게 큰 도움이 되었으면 좋겠다.

첫째, 사례를 가지고 설명하는 방식을 택하여 이해하기 쉽다.

상속분쟁 해결과 상속세 절세에 관하여 실무경력이 풍부한 변호사와 세무사들이 실제 상속과 관련하여 자주 발생하고 꼭 알아 두어야 할 사례들을 바탕으로 일반인들이 알기 쉽게 설명하였다.

둘째, 자주 질문하거나 실수하는 사례들을 Q&A 형식으로 만들어 상속세 사전 준비단계 및 사후 신고단계에서 본인의 사례에 맞게 활용할 수 있게 하였다. 많은 경우 상속세 절세에만 지나치게 치우치다 보니 상속인들이 재산을 상속받은 이후에 나타나는 상속분쟁에 대처하지 못할 뿐만 아니라 상속재산 처분과 운용 시 부담하는 세금을 간과하여 상속세 절세효과가 퇴색하는 사례들이 많이 발생한다.

셋째, 최근 상속분쟁이 증가하는 추세에 있어 상속분쟁을 줄이기 위한 방법과 자녀에게 사전증여 시 효도계약서를 작성하는 방법 등을 제시하였다.

또한 가족 간에 심한 갈등을 가져올 수 있는 상속관련 분쟁의 예방과 '사전 상속준비를 통한 절세 → 사후단계에서 고려해야 할 절세'를 종합적으로 다루어 유용성을 더욱 높였다.

　앞으로 공저자들께서 매년 바뀌는 상속관련 법률을 연구하여 업데이트하고, 변화하는 경제 현실과 납세자들의 수요에 맞추어 상속관련 분쟁의 예방 및 해결과 상속세 절세방법 등을 지속적으로 제시하는 실무 정석이 되길 기대한다.

김덕중 전 국세청장

간편하게 틈틈이 사전처럼
참고할 수 있는 책

사람이 살면서 피할 수 없는 두 가지로 '죽음과 세금'이 있다는 말이 있다. 상속세란 사람의 '죽음'을 계기로 이전되는 재산에 대한 '세금'이므로 이 두 가지가 모두 관련되어 있다는 점에서 매우 중요한 사건인 셈이다.

필자는 변호사로 일하면서 피상속인이 아무런 준비 없이 사망함에 따라 거액의 상속세가 부과되어 가업의 승계가 좌절되고 재산을 둘러싸고 자녀들 사이에 분쟁이 생겨 가족관계까지 파탄되는 경우를 자주 보아 왔고, 그렇기 때문에 상속을 미리 대비하는 것의 중요성을 누구보다 잘 알고 있다.

갑작스럽게 일어나는 상속 이외에 사전에 대비된 상속이더라도 제대로 대비하지 않으면 조세회피 내지 탈세에 이르게 되어 큰 경제적 불이익을 입게 되고 경우에 따라서는 형사처벌을 받거나 제대로 된 경제생활을 영위할 수 없게 된다. 따라서 상속은 사전에 준비하는 것 이상으로 제대로 잘 준비하는 것이 꼭 필요하다.

세금을 적법하게 납부하는 것은 국가와 다른 사회공동체 구성원들에 대한 기본적 의무이다. 그러나 가장 효과적으로 미리 준비하는 것 또한 가족공동체의 구성원으로서 꼭 필요한 과제이자 책무이기도 하다. 이 책은 이러한 필요성을 절감한 해당분야의 전문가들이 각자의 체험에 터 잡아 심혈을 기울여 작성한 책으로서 상속과 관련된 꼭 필요한 내용들이 알기 쉽게 설명되어 있다. 기본사례 중심으로 설명되고 있어 실제 관련 업무를 다루는 실무가들뿐만 아니라 일반인들도 내용에 쉽게 접근할 수 있도록 구성되어 있다. 간편하게 소장하면서 틈틈이 참고하면 큰 도움을 얻을 수 있을 것이다. 아무쪼록 필요한 독자들이 이 책의 도움으로 상속을 둘러싼 여러 가지 문제들을 지혜롭게 처리할 수 있게 되기를 진심으로 기대해 본다.

임승순 법무법인(유) 화우 대표

누구나 고민하는 상속에 대한 현실적인 조언을 주는 책

경제의 고도성장을 이루어 '한강의 기적'을 만들어내고 단기간의 압축 성장을 통해서 세계 10위권의 경제대국을 만들어낸 세대들의 고령화가 빠르게 진행되면서, 이들이 일구어 온 부의 세대 간 이전이 활발하게 이루어지고 있다. 세대 간에 부를 이전하는 대표적인 방법에 해당하는 상속과 증여 사례가 큰 폭으로 증가하고 있는데, 이러한 추세는 상당기간 지속될 것으로 보이고 상속 및 증여 재산의 규모 또한 크게 늘어날 것으로 예상된다.

우리나라 국민의 재산보유 형태를 보면 부동산이 가장 큰 비중을 차지하고 있으며, 기업 활동을 통해서 부를 키워 온 사업가는 주식 및 지분 형태로 재산을 보유하고 있기도 하다. 보유하고 있는 재산의 종류에 불구하고, 이를 세대 간 이전하는 과정에서 가장 관심을 갖고 주의를 기울여야 하는 분야는 세금 문제와 가족의 화목이다. 재산의 이전 과정에서는 상속·증여세 등 세금의 납부가 수반되고, 물질에 대한 인간의 욕망은 재산분배에 따른 가족의 갈등과 분쟁을 초래하는 요인으로 작용하기 때문이다. 재산을 물려받은 자녀들이 당해 재산을 선용하면서 잘 지켜나갈 수 있도록 가르치는 것도 부모세대가 염두에 두어야 할 중요한 덕목에 해당한다.

이러한 점에서 《세금은 아끼고 분쟁은 예방하는 상속의 기술》이라는 제목으로 출간되는 이 책은, 부동산 등 자신이 살아오면서 일구어 온 재산을 자녀들에게 넘겨주려는 사람들에게 많은 지혜와 시사점을 제공하고 있다. 특히 저자들은 이 분야에서 오래 동안 많은 사례들을 자문하고 문제의 해결을 도운 풍부한 경험을 갖고 있을 뿐만 아니라 관련 이론 분야에서도 폭넓은 지식을 쌓아 온 세무 및 법률 분야의 현장 전문가들로서, 재산의 이전 과정에서 누구나 고민하고 있는 문제들에 대한 현실적인 답을 제시해 주고 있다.

특히 가업승계를 준비하고 있는 가족기업 CEO들에게 경영권 분쟁을 사전에 예방하여 가족의 화목을 유지하면서 명문 장수기업으로 갈 수 있는 방안을 설계하는 데 많은 도움을 줄 수 있을 것으로 기대한다.

조병선 사단법인 한국가족기업연구원 원장, 법학박사

**상속 사전단계의 준비부족과 사후 단계에서의 섣부른 판단은 모두
세금폭탄으로 돌아온다.**

K씨는 젊어서부터 40년 넘게 고생하여 번 돈을 모두 자신의 명의로
아파트와 단독주택들과 상가 등의 부동산에 투자하여 시가 50억 원의
재산을 소유하던 중 갑작스럽게 사망했다. K씨의 아내는 자녀와 함께
재산을 상속받으면서 상속세를 절세하려면 배우자상속공제를 최대로
받고 부동산에 대해서 기준시가로 신고하면 된다고 해서, 배우자상속공
제를 최대로 하고 아파트와 상가 등의 모든 부동산에 대해서 기준시가
로 신고하여 2억 1,000만 원 정도의 상속세를 납부했다.

그런데 세무조사를 통해 3억 원 정도의 상속세를 가산세와 함께 추
가로 납부하라는 고지서를 받았다. K씨의 아내가 신고한 아파트는 매
매사례가액 13억 원으로 신고하여 상속세를 계산해야 했는데, 기준시

가 6억 원으로 신고하여 상속세를 과소신고 납부했으므로 가산세와 함께 약 3억 원 정도를 추가 납부해야 했다.

K씨의 세금관련 충격은 여기서 그치지 않았다. 추징 대상인 아파트 이외의 자신과 자녀가 상속받은 부동산을 처분할 때 양도세가 약 10억 원 정도 된다는 사실을 한참 지난 후에야 알게 된 것이다. 상속세를 줄이고자 기준시가로 신고한 부동산들의 취득가격은 기준시가가 되어 매도하면 매매차익이 커져서 양도세가 증가하여 약 10억 원 정도 내야하고 그에 따라 상속세 절세효과는 없다는 것을 알게 된 것이다.

상속세와 양도세 등의 세금은 사망한 K씨의 상속사전단계의 준비부족에서 출발한다.

최초에 K씨가 상속세에 대한 관심을 가지고 사전에 상속세 절세를 자문 받으면서 진행했다면 어떤 결과가 나왔을까? 재산이 증가할 때마다 배우자와 자녀들에게 재산을 분산했다면 상황은 완전히 달라진다.

예를 들어, 아파트를 취득할 때 아내 명의로 했다면 아파트는 K씨의 상속재산에 포함되지 않았을 것이다. 따라서 최초 납부한 상속세 중 아파트 기준시가에 해당하는 상속세 1억 원과 매매사례가액과의 차액에 대한 상속세 추징분 3억 원의 상속세 추가부담은 발생하지 않았을 것이다. 또한 K씨가 배우자뿐만 아니라 자녀에게도 40년간 재산을 적절하게 증여하여 분산했다면 상속세를 내지 않아도 됐다. 무엇보다 배우자와 자녀가 재산을 상속받은 후 양도세도 일정부분 회피 가능했음에도 그렇게 하지 못했다.

이 사례를 통해 상속세 사전상담이 상속세 부담을 결정하는 데 얼마나 중요한가를 알 수 있다.

사후 단계인 상속세 신고 시에도 현재와 차후 발생할 세금을 함께 고려했어야 한다.

K씨 아내의 정확하지 않은 지식과 더불어 제대로 판단하지 않고 진행한 결과는 더 안 좋다. 상속이 일어난 후 상속재산이 무엇이고 부동산별 상속세 신고를 어떻게 해야 하는지, 상속세는 얼마이고 절세가 가능한 부분은 무엇인지를 정확하게 파악했어야 한다. 또한 당장의 상속세 절세가 아니라 상속을 받은 후 처분할 때의 양도세까지도 고려하여 상속세 절세 대책을 자문 받고 실행했어야 한다.

K씨 아내는 당장 눈앞의 상속세를 최대한 절세하고자 아파트를 기준시가로 신고함으로 인해 내지 않아도 되는 불필요한 가산세를 납부했다. K씨 아내의 실수는 여기서 그치지 않고, 단독주택들과 상가 등의 부동산을 자녀들과 함께 공동 지분으로 상속 등기함으로써 단독주택들을 매도할 때 양도세 비과세도 받지 못하게 됐다. 만약, 자녀들이 주

택들을 각각 1채씩 상속받게 했다면 자녀들이 나중에 1주택 비과세를 활용하여 매도할 수 있어 주택 매도 시 양도세는 거의 없고 상가 등의 양도세만 3억 5,000만 원 정도만 내면 됐다. K씨 아내가 상속받은 단독주택들의 양도세 비과세를 고려하지 않음으로 인해 자신과 자녀들이 내지 않아도 되는 단독주택들의 양도세 6억 5,000만 원을 추가로 부담해야 한다.

K씨 아내가 생각하지 않은 또 하나의 결과는 배우자상속공제액을 최대한 받음으로 인해 나중에 자녀들이 자신의 재산을 상속받을 때 약 1억 4,000만 원 정도의 상속세를 추가로 내야 한다는 사실이다.

상속세와 관련하여 K씨와 K씨 아내는 어떻게 해야 했을까? 생전에 세무전문가의 자문을 통해 올바른 세금지식과 함께 상속준비를 해야 하고, 상속이 발생했을 때 상속재산확인과 더불어 상속세 절세 방법을 강구해야 한다. 상속시점에 상속세 절세방법에는 상속인들이 상속받은 재산의 활용에 대해서도 고려해야 한다.

[상속 똑똑하게 준비하기]

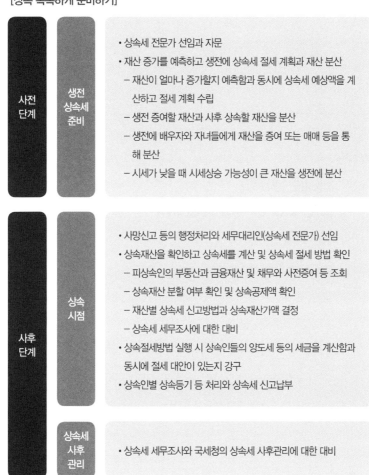

사전 단계

생전 상속세 준비

- 상속세 전문가 선임과 자문
- 재산 증가를 예측하고 생전에 상속세 절세 계획과 재산 분산
  - 재산이 얼마나 증가할지 예측함과 동시에 상속세 예상액을 계산하고 절세 계획 수립
  - 생전 증여할 재산과 사후 상속할 재산을 분산
  - 생전에 배우자와 자녀들에게 재산을 증여 또는 매매 등을 통해 분산
  - 시세가 낮을 때 시세상승 가능성이 큰 재산을 생전에 분산

사후 단계

상속 시점

- 사망신고 등의 행정처리와 세무대리인(상속세 전문가) 선임
- 상속재산을 확인하고 상속세를 계산 및 상속세 절세 방법 확인
  - 피상속인의 부동산과 금융재산 및 채무와 사전증여 등 조회
  - 상속재산 분할 여부 확인 및 상속공제액 확인
  - 재산별 상속세 신고방법과 상속재산가액 결정
  - 상속세 세무조사에 대한 대비
- 상속절세방법 실행 시 상속인들의 양도세 등의 세금을 계산함과 동시에 절세 대안이 있는지 강구
- 상속인별 상속등기 등 처리와 상속세 신고납부

상속세 사후 관리

- 상속세 세무조사와 국세청의 상속세 사후관리에 대한 대비

CONTENTS

PART 1

제대로 알아야
분쟁 없는 상속이 가능하다

PART 2
상속세 계산 구조 제대로 알면 절세의 방법이 보인다

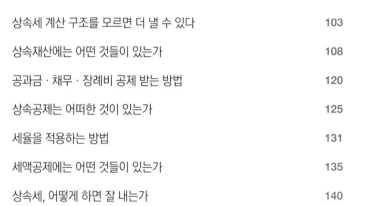

PART 3
상속세 절세, 이렇게 하면 된다

CONTENTS

PART 4
다양한 상속 질문,
알아두면 도움 된다

세 금 은 아 끼 고 분 쟁 은 예 방 하 는 상 속 의 기 술

제대로 알아야
분쟁 없는 상속이 가능하다

01
누가 상속을 받는가

상속이란 무엇이고, 누가 얼마나 상속을 받을까?

> 김갑동이 사망했다. 김갑동이 사망했을 당시 김갑동의 아버지와 어머
> 니, 아내, 아들 1명과 딸 1명, 그리고 김갑동의 미혼 남동생이 있었다.

Q1 김갑동이 사망하면 상속이 개시된다고 하는데, 무엇이 상속되나요?

김갑동이 사망하면 김갑동이 가지고 있던 모든 재산상의 지위 또는 권리의무를 김갑동의 상속인이 승계하게 된다. 이를 상속이라고 한다. 참고로 사망한 김갑동은 피상속인이라고 하고, 김갑동의 재산상의 지위 또는 권리의무를 물려받는 자는 상속인이라고 한다.

Q2 사례에서 김갑동의 사망 시 상속인은 누구인가요?

김갑동의 상속인은 1순위 상속인인 김갑동의 아들, 딸과 배우자인 아내

다. 피상속인의 사망 시 1순위 상속인은 피상속인의 직계비속(통상 자녀)이다. 배우자는 직계비속과 같은 순위로 상속인이 된다. 따라서 1순위 상속인인 김갑동의 아들, 딸과 김갑동의 배우자가 상속인이 된다. 김갑동의 아버지와 어머니 및 남동생은 상속인이 아니다.

1순위 상속인	직계비속과 배우자

Q3 사례에서 김갑동의 사망 시 총 재산이 7억 원이라고 할 때 각 상속인별 법정상속분은 어떻게 되나요?

아내는 3억 원, 아들 2억 원, 딸 2억 원이다. 아들과 딸은 1순위 상속인으로 동일하게 상속을 받는다. 배우자는 동일 순위의 상속인보다 50%를 추가로 상속받는다. 따라서 상속지분은 아내(1.5):아들(1):딸(1)이므로, 아내의 법정상속지분은 $\frac{3}{7}$이고, 아들과 딸의 법정상속지분은 각 $\frac{2}{7}$다. 따라서 7억 원의 상속재산 중 아내의 몫은 3억 원(7억 원×$\frac{3}{7}$), 아들과 딸의 몫은 각 2억 원(7억 원×$\frac{2}{7}$)이다.

Q4 김갑동이 사망할 당시 김갑동에게 1순위 상속인인 자녀가 없다면 김갑동의 상속인은 누구인가요?

2순위 상속인인 김갑동의 아버지, 어머니, 그리고 배우자인 아내다. 피상속인의 사망 시 1순위 상속인인 직계비속(통상 자녀)이 없다면 그다음

순위 상속인은 직계존속이다(민법 제1000조 제2항, 제1003조 제1항). 직계존속이란 자기의 부모를 비롯하여 부모보다 항렬이 높은 직계혈족을 의미한다. 배우자는 직계존속과 같은 순위로 상속인이 된다.

1순위 상속인	직계비속과 배우자	
2순위 상속인	직계존속과 배우자	1순위가 없는 경우

Q5 김갑동이 사망할 당시 김갑동에게 자녀와 부모님이 없었다면 김갑동의 상속인은 누구인가?

김갑동의 아내가 단독 상속인이다. 피상속인의 사망 시 피상속인에게 1순위 상속인인 직계비속, 2순위 상속인인 직계존속이 있는 경우 배우자는 그들과 동순위 상속인이 된다(민법 제1003조 제1항). 그러나 피상속인에게 직계비속, 직계존속이 없고 배우자만 있으면 배우자만 단독 상속인이 된다.

Q6 김갑동이 사망할 당시 김갑동에게 자녀와 부모님뿐만 아니라 배우자마저도 없었다면 김갑동의 상속인은 누구인가?

김갑동의 남동생이 단독으로 상속인이 된다. 피상속인의 사망 시 피상속인에게 1순위 상속인인 직계비속, 2순위 상속인인 직계존속, 배우자가 없다면 3순위 상속인인 피상속인의 형제자매가 상속인이 된다.

1순위 상속인	직계비속과 배우자	
2순위 상속인	직계존속과 배우자	1순위가 없는 경우
3순위 상속인	형제자매	1, 2순위와 배우자가 없는 경우

Q7 김갑동이 사망할 당시 김갑동에게 자녀, 부모님, 배우자, 미혼 남동생이 없고 친삼촌 1명과 이종사촌 1명만 있었다면 김갑동의 상속인은 누구인가요?

친삼촌이다. 피상속인에게 직계비속, 직계존속, 배우자, 형제자매가 없다면, 4순위 상속인은 4촌 이내의 방계혈족이다. 4촌 이내의 방계혈족이란 3촌부터 4촌 이내의 혈족(친가, 외가 모두 포함)을 의미한다. 다만, 동순위 상속인이 수인인 때에는 촌수가 더 가까운 친족(최근친)이 선순위 상속인이 되므로 3촌과 4촌이 있다면 최근친인 3촌 방계혈족이 상속인이 된다. 만약 사례에서 김갑동에게 친삼촌이 없었다면 이종사촌이 상속인이 되었을 것이다.

1순위 상속인	직계비속과 배우자	
2순위 상속인	직계존속과 배우자	1순위가 없는 경우
3순위 상속인	형제자매	1, 2순위와 배우자가 없는 경우
4순위 상속인	4촌 이내의 방계혈족	1, 2, 3순위와 배우자가 없는 경우

Q8 김갑동이 사망할 당시 김갑동에게 사실혼 배우자와 그 배우자와의 사이에서 태어난 아들, 딸이 있었다면, 사실혼 배우자는 상속인인가요?

사실혼 배우자는 상속인이 아니다. 혼인신고를 한 법률상 배우자만 상속인이 될 수 있다. 따라서 김갑동의 아들과 딸만 김갑동의 상속인이 된다.

Tip 1 ▶ 상속의 의미와 상속의 순위

- 상속이 개시되면 상속인이 피상속인에게 속한 모든 재산상의 지위와 권리의무를 포괄적으로 승계하게 된다.
- 상속에 있어서는 다음 순위로 상속인이 된다.
  - 1순위 상속인: 피상속인의 직계비속(자녀 등)
  - 2순위 상속인: 피상속인의 직계존속(부모 등)
  - 3순위 상속인: 피상속인의 형제자매
  - 4순위 상속인: 피상속인의 4촌 이내의 방계혈족(3촌: 삼촌, 고모, 이모, 조카 등, 4촌: 고종사촌, 이종사촌 등)
- 피상속인의 배우자는 피상속인의 직계비속(1순위 상속인) 또는 직계존속(2순위 상속인)이 상속인인 경우에는 그 상속인과 동순위로 공동상속인이 되고 그 상속인이 없는 때에는 단독상속인이 된다.
- 동순위 상속인이 여러 명인 경우에는 최근친이 선순위 상속인이 되며, 촌수가 같은 상속인이 수인이면 공동상속인이 된다(즉, 3촌과 4촌이 있으면 3촌이 상속인)
- 혼인신고를 한 법률상 배우자만 상속인이고 사실혼 배우자는 상속인이 아니다.

Tip 2 ▶ 상속분은?

- 동순위 상속인의 상속분은 동일하나, 배우자의 경우 상속분에 5할을 가산한다.

대습상속이란 무엇이며 대습상속인은 누구인가?

> 김갑동은 아내 김갑녀와 결혼하여 아들 김을수를 낳았다. 아들 김을수
> 는 며느리 이을녀와 결혼하여 손녀 김하나를 낳았다. 김갑동 생전에 아
> 들 김을수가 먼저 사망하였고, 낙담한 김갑동도 얼마 지나지 않아 사망
> 했다. 김갑동 사망 당시 김갑동의 아내 김갑녀, 며느리 이을녀, 손녀 김
> 하나가 생존하고 있었다.

Q1 김갑동의 사망 시 상속인은 누구인가요?

상속인은 아내인 김갑녀와 며느리 이을녀, 손녀 김하나다. 여기서 며느
리 이을녀와 손녀 김하나는 대습상속인이다. 상속인이 될 직계비속(사례
에서 아들 김을수) 또는 형제자매가 상속개시 전에 먼저 사망하거나 상속
결격자가 된 경우에 그 사람의 직계비속(사례에서 아들 김을수의 딸 김하나)
이나 배우자(사례에서 아들 김을수의 아내 이을녀)가 있는 때에는 그 직계비
속과 배우자가 사망하거나 결격된 자의 순위에 갈음하여 상속인이 된다
(이 때 상속결격이란 법률이 정한 상속결격사유가 발생한 경우에 상속인의 자격을 상실
하는 것을 의미한다). 이를 대습상속이라 한다.

김갑동의 사망 시 원래대로라면 직계비속인 아들 김을수가 상속인인데,
상속개시 전에 이미 사망했다. 이때 김을수의 직계비속 및 그 배우자는
김을수의 순위에 갈음하여 김갑동의 상속인이 된다.

Q2 대습상속 시 며느리 이을녀, 손녀 김하나의 상속분은 어떻게 되나요?

대습상속인 며느리 이을녀, 손녀 김하나는 아들 김을수(피대습상속인)의 상속분 범위 내에서 김갑동의 재산을 상속한다. 즉, 대습상속인(며느리 이을녀와 손녀 김하나)은 피대습상속인(아들 김을수)의 상속분을 다시 피대습상속인에 대한 법정상속분에 따라 상속을 받게 된다.

사례에서, 김갑동의 상속재산에 관하여 피대습상속인인 김을수의 상속지분은 $\frac{2}{5}$다. 며느리 이을녀, 손녀 김하나는 아들 김을수의 법정상속분($\frac{2}{5}$)을 자신들의 김을수에 대한 법정상속분(이을녀는 $\frac{3}{5}$, 김하나는 $\frac{2}{5}$)에 따라 상속받는 셈이다. 따라서 이을녀의 대습상속지분은 $\frac{6}{25}\left(=\frac{2}{5}\times\frac{3}{5}\right)$이고, 김하나의 대습상속지분은 $\frac{4}{25}\left(=\frac{2}{5}\times\frac{2}{5}\right)$다. 이를 정리하면 다음과 같다.

대습상속인	피대습상속인 상속분(A)	피대습자에 대한 법정상속분(B)	대습상속분 (A×B)
이을녀	$\frac{2}{5}$	$\frac{3}{5}$	$\frac{6}{25}$
김하나		$\frac{2}{5}$	$\frac{4}{25}$

Q3 김갑동이 사망하기 전 며느리 이을녀가 김삼동과 법률상 혼인(재혼)했습니다. 이러한 경우에도 이을녀는 여전히 대습상속인이 될 수 있나요?

대습상속인이 될 수 없다. 김갑동의 아내인 김갑녀와 손녀 김하나만이 김갑동의 상속인이 된다. 이을녀가 김을수를 대습상속하는 이유는 이을녀가 김을수의 배우자이기 때문이다. 그러나 이을녀가 김삼동과 법률상 재혼한 때부터 이을녀는 김삼동의 배우자이지 김을수의 배우자가 아니므로 김을수의 대습상속인이 될 수 없다. 즉, 부부 일방이 사망한 경우에도 생존 배우자가 재혼하지 않는 한 혼인으로 인한 인척관계는 계속되므로 사망자의 배우자로서 대습상속이 가능하다. 그러나 생존 배우자가 재혼하면 혼인으로 인한 인척관계는 종료하게 되므로 대습상속인도 될 수 없다(민법 제775조).

(Q4) 김갑동이 사망한 후 며느리 이을녀가 재혼했다면 김갑동의 상속재산에 대한 이을녀의 대습상속인 지위는 박탈되나요?

그렇지 않다. 이을녀는 김갑동 사망 당시에는 재혼하지 않았기 때문에 김갑동의 상속재산을 대습상속받게 된다. 이미 대습상속인이 된 후 나중에 재혼하더라도 이미 취득한 대습상속인의 지위가 박탈되는 것은 아니다.

Tip 대습상속인과 대습상속분
- 상속인이 될 직계비속 또는 형제자매(피대습상속인)가 상속개시 전 사망하거나 결격자가 된 경우 그 직계비속과 배우자가 있는 때에는 직계비속과 배우자가 사망하거나 결격된 자의 순위에 갈음하여 대습상속인이 된다.
- 대습상속인은 피대습상속인 상속분의 한도에서 상속한다.
- 상속개시 전 재혼한 며느리는 대습상속인이 아니다.
- 상속개시 후 재혼한 며느리는 대습상속인의 지위가 박탈되지는 않는다.

상속개시 전 상속포기는 효력이 없다

김갑동은 김갑녀와 결혼하여 아들 김을수, 딸 김하나를 두었다. 김갑동과 아들 김을수는 평소 자주 다투었고 사이가 나빴다. 김갑동은 미운 아들 김을수에게는 재산을 단 한푼도 물려주지 않기로 결심했고, 아들 김을수로부터 상속을 포기하겠다는 각서를 받아서 공증까지 받았다.

Q 김갑동이 사망한 후 아들 김을수는 상속을 받을 수 없나요?

상속받을 수 있다. 상속개시 전에 한 상속포기는 효력이 없기 때문이다. 김갑동이 생전에 아들 김을수로부터 상속을 포기하겠다는 각서를 받았다더라도 이는 효력이 없다. 상속포기는 상속인이 상속개시 있음을 안 날로부터 3월 내에 법원에 상속포기 심판청구를 하여 상속포기 신고를 수리한다는 심판결정을 받아야 가능하다.

> **Tip** 상속개시 전 상속포기를 하면 더 이상 상속인이 아닌가?
> • 상속개시 전 상속을 포기하더라도 여전히 상속인이다.
> • 상속개시 이후 상속포기를 해야 효력이 있다.

상속인의 자격을 상실하게 되는 사유가 있다

김갑동은 김갑녀와 결혼하여 아들 김을수, 딸 김하나를 두었다. 김을수
는 며느리 이을녀와 결혼하여 손자 김말동을 낳았다. 이후 김갑동은 모
든 재산을 아내인 김갑녀에게 물려준다는 유언장을 작성하였다. 김을
수는 이에 불만을 품고 유언장을 몰래 훔쳐서 불태워 버렸다.

Q1 김갑동이 사망한 후 아들 김을수는 상속을 받을 수 있나요?

상속을 받을 수 없다. 피상속인의 유언서를 파기, 위조, 변조, 은닉한 행
위는 상속결격사유에 해당하며, 상속결격자가 되면 상속을 받을 수 없
다. 김갑동은 유언서를 파기하여 상속결격자가 되었으므로 더 이상 상
속인이 아니다.

Q2 아들 김을수가 상속결격자가 된 경우 며느리 이을녀와 손자 김말동은
김갑동의 재산을 상속받을 수 있나요?

그렇다. 상속개시 전 상속인이 사망한 경우뿐만 아니라 상속결격자가
된 경우에도 그에게 직계비속과 배우자가 있으면 대습상속이 가능하다.
김을수가 상속결격자가 되었으나 그 배우자인 이을녀, 직계비속 김말동
은 대습상속인으로서 김갑동의 재산을 상속받을 수 있다.

Tip 상속결격사유 및 상속결격의 효과

- 상속결격사유가 발생하면 상속인 지위를 상실하게 된다.
- 아래에 해당하는 사람은 상속인이 되지 못한다.
  - 고의로 직계존속, 피상속인, 그 배우자 또는 상속의 선순위나 동순위에 있는 자를 살해하거나 살해하려한 자
  - 고의로 직계존속, 피상속인과 그 배우자에게 상해를 가하여 사망에 이르게 한 자
  - 사기 또는 강박으로 피상속인의 상속에 관한 유언 또는 유언의 철회를 방해한 자
  - 사기 또는 강박으로 피상속인의 상속에 관한 유언을 하게 한 자
  - 피상속인의 상속에 관한 유언서를 위조 · 변조 · 파기 또는 은닉한 자
- 상속개시 전 상속결격사유가 발생하더라도 상속결격자의 직계비속과 배우자는 대습상속을 받을 수 있다.

02

상속재산분할은
어떻게 하는가

상속재산분할(분배)의 의미와 방법

> 김갑동은 김갑녀와 결혼하여 슬하에 아들 김을수와 딸 김하나를 두었
> 다. 자녀들은 모두 성년이다. 김갑동은 불의의 교통사고로 사망했다. 김
> 갑동의 사망 당시 김갑동에게는 시가 3억 원의 아파트 1채, 은행예금 4
> 억 원이 있었다.

Q1 상속재산분할(분배)이란 무엇인가요?

상속재산분할이란 쉽게 말해 상속인들이 자신의 상속분에 따라 상속재

산을 나누는 것을 의미한다. 상속분이란 상속재산 중 상속인이 실제로

승계할 몫을 의미한다.

사례에서 김갑동의 사망으로 인해 상속인인 아내 김갑녀는 법정상속지

분인 $\frac{3}{7}$, 아들 김을수, 딸 김하나는 $\frac{2}{7}$ 비율로 김갑동의 상속재산인 아

파트와 현금을 잠정적으로 공유하게 된다. 총 상속재산 가액 합계 7억

원(아파트 3억 원+은행예금 4억 원) 중 김갑녀의 상속분은 3억 원(총 상속재산 가액 7억 원×김갑녀 법정상속지분 $\frac{3}{7}$), 김을수와 김하나의 상속분은 각 2억 원(7억 원×$\frac{2}{7}$)이다. 즉, 7억 원 중 김갑녀는 3억 원, 김을수와 김하나는 각 2억 원에 해당하는 재산을 분할받을 수 있다.

이후 김갑녀, 김을수, 김하나가 김갑녀는 아파트(시가 3억 원)를, 김을수, 김하나는 예금 각 2억 원을 가져가기로 상속재산분할 합의를 하게 되면, 위 아파트는 확정적으로 김갑녀의 단독소유가 되고 김하나, 김을수는 각 예금 2억 원을 확정적으로 단독소유하게 된다. 이와 같이 상속인의 상속분에 따라 상속재산을 실제로 나누는 절차를 상속재산분할이라고 한다.

Q2 상속재산분할은 어떻게 할 수 있나요?

피상속인이 유언으로 분할방법을 정해둔 때에는 이에 따라 상속재산을 분할하면 된다. 유언이 없다면 상속인 전원이 합의하여 상속재산을 자유롭게 분할하면 된다. 만약 상속인들 간에 합의가 이루어지지 않으면 법원에 상속재산분할 심판청구를 하여 법원의 심판결정에 따라 상속재산을 분할해야 한다. 즉, 상속재산분할은 ① 피상속인의 유언, ② 상속인 전원의 합의, ③ 법원의 심판결정으로 할 수 있다.

Q3 상속인들 중 한 명을 제외한 다수 상속인들이 상속재산분할에 합의하

였다면, 그 합의는 유효한가요?

무효다. 상속재산 분할합의는 반드시 상속인 전원의 합의가 있어야만 효력이 있다. 한 사람이라도 반대하거나 부동의하는 분할합의는 효력이 없다.

Q4 상속재산분할 심판청구를 제기할 때 상속인 전원이 당사자가 되어야 하나요? 아니면 일부 상속인들끼리만 해도 되나요?

상속인 전원이 당사자가 되어야 한다. 즉, 김갑녀가 상속재산분할심판을 청구하는 경우 그 상대방은 나머지 상속인인 아들 김을수, 딸 김하나가 되고, 김갑녀, 김을수가 상속재산분할을 청구하는 경우 상대방은 나머지 상속인인 딸 김하나가 된다.

> **Tip ▶ 상속재산분할의 의미와 방법**
> - 상속재산분할: 상속인들이 각자의 상속분에 따라 상속재산을 실제로 나누는 것
> - 상속재산분할은 ① 유언, ② 상속인 전원 합의, ③ 법원의 상속재산분할 심판결정으로 할 수 있다.
> - 상속재산분할합의는 상속인 전원이 해야 한다.
> - 법원에 상속재산분할 심판청구를 할 때도 상속인 전원이 당사자가 되어야 한다.

미성년자인 공동상속인이 있는 경우 주의하라

> 김갑동은 교통사고로 사망했다. 김갑동의 상속인으로는 아내 김갑녀,
> 아들 김을수, 딸 김하나가 있다. 아들 김을수는 만 25세이고, 김하나는
> 만 15세로서 미성년자다. 김갑동의 상속재산은 시가 3억 원의 아파트
> 1채, 은행예금 4억 원이다. 김갑녀, 김을수, 김하나는 아파트(3억 원)는
> 김갑녀가, 은행예금 2억 원은 김을수가, 나머지 예금 2억 원은 김하나
> 가 분할받기로 합의했다.

Q1 김갑녀, 김을수, 김하나의 상속재산분할합의는 유효한가요?

무효다. 김갑녀는 미성년자인 김하나의 친권자로서 김하나의 법정대리
인이다. 법정대리인인 친권자는 미성년인 자의 재산에 관한 법률행위를
대리할 권한이 있으나, 친권자와 자녀의 이해가 상반되는 행위는 대리
권이 없다. 그런데 공동상속인인 친권자 김갑녀와 미성년자녀인 김하나
간의 상속재산분할합의는 어머니와 미성년자인 자녀의 이해가 상반되
는 행위에 해당한다. 어머니 김갑녀는 이해 상반 행위에 대해서는 딸인
김하나를 대리할 권한이 없다. 따라서 상속인인 김하나의 어머니 김갑
녀가 공동상속인 미성년자 김하나를 대리하여 한 상속재산분할합의
는 무효가 된다.

Q2 사례에서 김갑녀, 김을수, 미성년자 김하나가 유효한 상속재산분할합
의를 할 수 있는 방법은 무엇인가요?

김갑녀가 법원에 특별대리인 선임을 신청한 다음 법원이 선임한 김하나의 특별대리인과 상속재산분할합의를 하면 된다(민법 921조). 또한 김하나가 성년이 된 후 위 합의를 추인한 경우에도 합의가 유효하게 된다. 상속인들 간에 합의가 이루어지지 않아 법원에 상속재산분할 심판청구를 제기한 경우에도 김하나에 대해서는 특별대리인 선임신청을 해야만 한다.

Q3 사례에서 딸 김하나뿐만 아니라 아들 김을수도 미성년자인 경우 특별대리인은 1명만 선임하면 되나요?

김하나의 특별대리인과 김을수의 특별대리인을 각각 선임해야 한다. 즉, 공동상속인인 친권자와 미성년인 여러 명의 자녀 사이에 상속재산분할합의를 하게 되면 미성년자마다 특별대리인을 선임하여 특별대리인이 각 미성년자인 자녀를 대리하여 상속재산분할합의를 해야 한다.

Q4 김갑녀가 김갑동과 이혼하여 김갑동의 상속인이 아니라면 그 때는 미성년자인 김하나를 대리하여 상속재산분할을 할 수 있나요?

그렇다. 김갑녀는 미성년자녀인 딸 김하나와 공동상속인이 아니므로, 딸 김하나를 대리하여 아들 김을수와 상속재산분할합의를 할 수 있다. 다만 사례의 경우에 딸 김하나, 아들 김을수가 모두 미성년자라면 김갑녀의 친권에 복종하는 수인의 미성년자 사이에 이해가 충돌하는 경우

에 해당하므로 이것도 이해 상반행위에 해당한다. 따라서 이때는 미성
년자의 특별대리인을 선임하여 상속재산분할협의를 해야 한다.

Tip ▶ **미성년인자인 상속인이 있는 경우 상속재산분할 방법**

- 미성년자인 상속인의 친권자가 미성년자와 공동상속인인 경우
  - 미성년자의 특별대리인을 선임하여 그 특별대리인과 상속재산분할합의
    를 해야 한다(법원에 상속재산분할 심판청구를 할 때도 마찬가지다).
  - 미성년인 자녀가 여러 명이라면 그 자녀마다 특별대리인을 각각 선임해
    야 한다.
- 미성년자인 상속인의 친권자가 미성년자와 공동상속인이 아닌 경우
  - 친권자가 미성년자를 대리하여 상속재산 분할합의를 할 수 있다.

특별수익자가 존재하는 경우 상속분 계산 방법

김갑동은 2017년 12월 병으로 사망했다. 김갑동의 상속인으로는 아내 김갑녀, 아들 김을수, 딸 김하나가 있다. 김갑동은 사망하기 직전인 2017년 8월에 자신의 죽음을 예감하고 아내인 김갑녀에게는 현금 5,000만 원, 김을수에게는 현금 4,000만 원, 김하나에게는 현금 3,000만 원을 증여했다. 김갑동이 사망했을 당시 상속재산으로는 예금 6억 5,000만 원이 남아 있었다.

Q1 특별수익이란 무엇인가요?

민법 제1008조는 '공동상속인 중에 피상속인으로부터 재산의 증여 또는 유증을 받은 자가 있는 경우에 그 수증재산이 자기의 상속분에 달하지 못한 때에는 그 부족한 부분의 한도에서 상속분이 있다.'고 규정하고 있다. 이와 같이 상속인이 피상속인으로부터 생전 증여받거나 유증받은 재산을 특별수익이라 하고, 이러한 특별수익을 받은 상속인을 특별수익자라고 한다. 사례에서 김갑동으로부터 현금 증여라는 특별수익을 받은 김갑녀, 김을수, 김하나가 특별수익자에 해당한다.

Q2 상속인들 중 생전에 증여받은 자(특별수익자)가 있는 경우 상속인들의 상속분은 어떻게 계산하나요?

특별수익자는 사전증여 등을 통해 그에 상응하는 상속재산을 이미 받은 것으로 취급된다. 따라서 상속인들이 남은 상속재산을 분할할 때는 이를 반영하여 상속분을 계산할 필요가 있다. 간단히 말하면, 미리 특별수익을 받게 되면 남은 상속재산에서는 그만큼 분할 받는 몫이 줄어드는 것이다.

따라서 공동상속인 중에 피상속인으로부터 재산의 증여 또는 유증 등의 특별수익을 받은 자가 있는 경우에는 이러한 특별수익을 고려하여 상속인별로 고유의 법정상속분을 수정하여 구체적인 상속분을 산정해야 한다. 즉, 피상속인이 상속 개시 당시에 가지고 있던 재산의 가액에 생전 증여 가액을 가산한 후, 이 가액에 각 공동상속인별로 법정 상속분율을 곱하여 산출된 상속분의 가액에서 특별 수익자의 수증 재산인 증여 또는 유증의 가액을 공제하여 구체적 상속분을 산정한다. 구체적 상속분액은 특별수익을 감안하여 상속인들이 상속재산에서 실제로 분할 받는 몫을 의미한다. 계산방법을 간략하게 정리하면 다음과 같다.

- 간주 상속재산(특별수익이 없었다면 원래 상속받았을 재산) = 상속재산＋특별수익재산
- 법정상속분액(특별수익이 없었더라면 상속인이 그 법정지분에 따라 상속받았을 재산) = 간주상속재산 × 법정상속지분
- 구체적 상속분액(남은 상속재산에서 상속인이 실제로 분배받아야 할 몫) = 법정상속분액－각 특별수익

Q3 사례에서 상속인들이 각자 상속받아야 할 상속분은 얼마인가요?

김갑녀가 2억 8,000만 원, 김을수가 1억 8,000만 원, 김하나가 1억 9,000만 원이다. 사례에서 상속인들이 사전에 증여받은 재산 가액의 합계는 1억 2,000만 원(5,000만 원+4,000만 원+3,000만 원)이고, 상속재산은 6억 5,000만 원이다. 사전증여재산과 상속재산 합계는 7억 7,000만 원이다. 7억 7,000만 원에 김갑녀의 법정상속지분($\frac{3}{7}$)을 곱하면 김갑녀의 상속분은 3억 3,000만 원이다. 그런데 김갑녀는 이미 사전에 5,000만 원을 증여받았으므로 위 3억 3,000만 원에서 5,000만 원을 공제한 2억 8,000만 원이 김갑녀의 상속분이 된다. 마찬가지로 김을수의 상속분을 계산하면 1억 8,000만 원(7억 7,000만 원×$\frac{2}{7}$)−사전증여액 4,000만 원), 김하나의 상속분은 1억 9,000만 원(7억 7,000만 원×$\frac{2}{7}$)−사전증여액 3,000만 원)이다. 이를 정리하면 다음 표와 같다.

즉, 남은 상속재산인 예금 6억 5,000만 원에서 김갑녀는 2억 8,000만 원, 김을수는 1억 8,000만 원, 김하나는 1억 9,000만 원을 상속받으면 된다.

[간주 상속재산 = 상속재산 + 특별수익 재산]

상속재산 합계	6억 5,000만 원
특별수익 합계	1억 2,000만 원 (김갑녀 5,000만 원+김을수 4,000만 원+ 김하나 3,000만 원)
총 합계(간주 상속재산)	7억 7,000만 원(상속재산 가액+특별수익 가액)

[상속인별 구체적 상속분 계산]

상속인	간주 상속재산	법정 상속지분	법정상속분액 (간주 상속재산 × 법정상속지분)	특별수익	구체적 상속분 (법정상속분액 – 특별수익)
김갑녀	7억 7,000만 원	$\frac{3}{7}$	3억 3,000만 원	5,000만 원	2억 8,000만 원
김을수	7억 7,000만 원	$\frac{2}{7}$	2억 2,000만 원	4,000만 원	1억 8,000만 원
김하나	7억 7,000만 원	$\frac{2}{7}$	2억 2,000만 원	3,000만 원	1억 9,000만 원
	합계	1	7억 7,000만 원	1억 2,000만 원	6억 5,000만 원

Q4 피상속인이 상속인들에게 사전에 증여한 재산은 그 경위나 액수에 상관없이 전부 특별수익으로 인정되나요?

그렇지는 않다. 상속재산분할에서 특별수익이 반영되는 이유는 특별수익이 상속재산을 미리 주는 것에 해당하기 때문이다. 따라서 피상속인의 생전 자산, 수입, 생활수준, 가정상황 등을 참작하고 공동상속인들 사이의 형평을 고려하여 당해 생전 증여가 장차 상속인으로 될 자에게 돌아갈 상속재산 중 그의 몫을 미리 주는 것이라고 볼 수 있어야만 특별수익으로 인정된다. 예를 들어, 부모가 자녀들에게 가끔 소액의 용돈을 지급했다고 하더라도 이는 상속재산을 미리 준 것으로 보기 어려우므로 특별수익이 아니다.

> **Tip** 특별수익자가 있는 경우 상속분 계산
> - 상속인의 구체적 상속분 = {(상속재산액＋특별수익액) × 법정상속지분} － 특별수익액
> - 피상속인이 상속인에게 상속재산을 미리 주었다고 볼 수 있을 정도에 이르러야 특별수익으로 인정될 수 있다.

특별수익에 포함되는 생전 증여의 범위 및
특별수익재산의 평가시기

김갑동은 2016년 12월 병으로 사망했다. 김갑동의 상속인으로는 아내 김갑녀, 아들 김을수, 딸 김하나가 있다. 김갑동은 사망하기 15년 전인 2001년 아들인 김을수에게 그 당시 시가로 1억 원에 달하는 상가건물을 증여했다. 김갑동의 상속재산으로는 현금 5억 원이 있었고, 김을수가 증여받은 위 상가의 시가는 폭등하여 김갑동이 사망했을 당시 시가는 10억 원에 달했다.

Q1 김을수가 증여받은 것은 무려 15년 전인데, 이와 같이 오래 전에 증여받은 재산도 김을수의 특별수익인가요?

그렇다. 공동상속인들 중 1인이 피상속인으로부터 생전에 증여를 받은 것이 있다면 그 시기와 상관없이 전부 특별수익으로 인정되며, 상속재산분할 시 반영하여 상속분이 계산된다. 공동상속인이 상속개시 시점

으로부터 수십 년 전에 증여받았더라도 특별수익이다.

Q2 김을수가 특별수익한 상가의 시가는 증여 당시 시가인 1억 원으로 봐야 하나요? 아니면 상속개시 당시 시가인 10억 원으로 봐야 하나요?

상속개시 당시 시가인 10억 원으로 평가된다. 상속개시 당시를 기준으로 상속재산과 특별수익재산의 시가를 평가하며, 위 시가로 환산한 재산가액을 기초로 상속인들의 구체적 상속분을 계산한다. 공동상속인 중에 피상속인으로부터 재산의 증여 또는 유증 등의 특별수익을 받은 자가 있는 경우에는 이러한 특별수익을 고려하여 상속인별로 고유의 법정상속분을 수정하여 구체적인 상속분을 산정하게 되는데, 이러한 구체적 상속분을 산정함에 있어서는 상속개시 시를 기준으로 상속재산과 특별수익재산을 평가하여 이를 기초로 해야 한다.

Q3 김을수가 증여받은 것이 상가가 아니라 현금 1억 원이라면 현금의 상속개시 당시 가액은 어떻게 산정하나요?

증여재산이 금전일 경우에는 그 증여받은 금액을 상속개시 당시의 화폐가치로 환산하여 이를 증여재산의 가액으로 본다. 상속개시 당시의 화폐가치는 경제 전체의 물가수준 변동을 반영하는 한국은행 공표의 GDP 디플레이터를 이용하여 '증여액×사망 당시의 GDP 디플레이터 수치÷증여 당시의 GDP 디플레이터 수치'의 방식으로 계산한다.

사례의 경우 김을수가 현금 1억 원을 증여받을 당시 GDP 디플레이터는 80.2였고, 상속개시시인 2016년은 108.6이었다. 따라서 2001년에 김을수가 증여받은 1억 원의 상속개시 당시(2016년) 가치는 1억 3,541만 1,471원(1억 원×108.6/80.2)이다.

> **Tip** 공동상속인 중에 피상속인으로부터 재산의 증여 또는 유증 등의 특별 수익을 받은 자가 있는 경우 특별수익 가액의 평가시점
>
> • 공동상속인이 특별수익을 받았다면 그 시기를 불문하고 특별수익으로 인 정된다.
> • 공동상속인의 상속분 계산 시 특별수익은 상속개시 시를 기준으로 평가한다.

공동상속인의 직계비속, 배우자, 직계존속 등에 대한 증여나 유증도 공동상속인의 특별수익으로 인정될까?

김갑동이 2017년 12월 병으로 사망했다. 김갑동의 상속인으로는 아내 김갑녀, 아들 김을수, 딸 김하나가 있다. 김갑동은 사망 직전인 2017년 11월 김을수의 아들인 손자 김말동에게 2,000만 원, 며느리 이을녀에게 2,000만 원의 현금을 각 증여했다. 김갑동이 사망했을 당시 상속재산으로는 현금 1억 원이 남아 있었다.

Q1 상속재산 분할 시 손자 김말동과 며느리 이을녀에게 증여한 현금도 아

들 김을수에게 대한 증여로 보고 상속분 계산에 반영할 수 있나요?

그렇다. 상속분의 산정에서 증여 또는 유증의 경위, 증여나 유증된 물건의 가치, 성질, 수증자와 관계된 상속인이 실제 받은 이익 등을 고려하여 실질적으로 피상속인으로부터 상속인에게 직접 증여된 것과 다르지 않다고 인정되는 경우에는 상속인의 직계비속, 배우자, 직계존속 등에게 이루어진 증여나 유증도 특별수익으로서 이를 고려할 수 있다. 사례와 같이 손자에게 현금을 증여한 경우에는 특별한 사정이 없는 한 아들에게 직접 증여된 것으로 평가될 가능성이 높다.

Q2 사례에서 상속인들이 각자 상속받아야 할 상속분은 얼마인가요?

상속재산 1억 원 중 6,000만 원은 아내 김갑녀가, 나머지 4,000만 원은 김하나가 분할 받아야 한다. 아들 김을수의 경우 이을녀, 김말동을 통해 자신의 상속분에 해당하는 재산인 4,000만 원을 미리 분할 받은 셈이므로, 남아 있는 상속재산 1억 원에서 분배받을 몫은 없다. 구체적인 산정내역은 다음 표와 같다.

[간주 상속재산]

상속재산 합계	1억 원
특별수익 합계	4,000만 원 (손자 김말동 2,000만 원+며느리 이을녀 2,000만 원)
총 합계(간주 상속재산)	1억 4,000만 원

[상속인별 구체적 상속분]

상속인	간주 상속재산	법정 상속지분	법정상속분액 (간주 상속재산 × 법정상속지분)	특별수익	구체적 상속분 (법정상속분액 - 특별수익)
김갑녀	1억 4,000만 원	$\frac{3}{7}$	6,000만 원	0	6,000만 원
김을수	1억 4,000만 원	$\frac{2}{7}$	4,000만 원	4,000만 원	0
김하나	1억 4,000만 원	$\frac{2}{7}$	4,000만 원	0	4,000만 원
합계		1	1억 4,000만 원	4,000만 원	1억 원

Tip ▶ 공동상속인의 직계비속, 배우자, 직계존속 등에 대한 증여와 유증을 상속재산 분할 시 해당 공동상속인의 특별수익으로 볼 수 있나요?

- (원칙) 공동상속인의 특별수익으로 보지 않음
- (예외) 실질적으로 피상속인으로부터 상속인에게 직접 증여된 것과 다르지 않다고 인정되는 경우에는 그 공동상속인이 특별수익한 것으로 봄

기여분이 인정되는 경우

> 김갑동은 김갑녀와 결혼하여 슬하에 아들 김을수와 딸 김하나를 두었는데, 암으로 1년 간 투병하다가 사망했다. 아내 김갑녀는 김갑동의 생전에 살림과 육아를 도맡아 했고, 김갑동이 사망하기 전까지 1년 동안 열심히 남편을 간병했다. 김갑동의 상속재산으로는 현금 8억 원이 있다. 아내 김갑녀와 아들 김을수, 딸 김하나는 상속재산분할합의를 위해 한자리에 모여 대화를 나누었다. 아내 김갑녀는 수십 년 동안 가사, 육아를 하고 남편 사망 전까지 간병을 한 기여를 인정받아 법정상속분($\frac{3}{7}$)보다 더 많은 상속재산을 분할 받고 싶다고 말했다. 그러나 김을수, 김하나는 법정상속분대로 나눠야 한다는 입장이다.

Q1 기여분이란 무엇인가요?

기여분이란 공동상속인 중에 상당한 기간 동거, 간호 그 밖의 방법으로 피상속인을 특별히 부양하거나 피상속인의 재산의 유지 또는 증가에 특별히 기여한 자가 있을 때 그 기여도에 따라 자기의 고유한 법정상속분에 더하여 받게 되는 가액을 의미한다. 기여분이 인정되는 경우 상속개시 당시 상속재산가액에서 기여분을 공제한 나머지만을 상속재산으로 보고 법정상속분을 산정한다. 즉, 기여자인 상속인은 상속재산 중 일부를 떼어 기여분으로 받고, 나머지 상속재산만 상속인들이 나누는 것이다. 따라서 기여분을 받는 자는 기여분과 기여분을 공제한 나머지 상속재산 중 자신의 법정상속분을 받게 된다.

Q2 아내 김갑녀는 어떤 절차를 거쳐 자신의 기여를 인정받을 수 있나요?

상속인 전원의 합의로 아내 김갑녀의 기여분을 정할 수 있다. 만약 상속인 전원이 합의하지 않으면 아내 김갑녀는 법원에 기여분결정 심판청구를 제기하여 법원의 결정에 따라 기여분을 인정받을 수 있다. 다만, 법원에 대한 기여분결정 심판청구는 상속재산의 분할청구가 있어야 할 수 있으며, 상속재산분할 심판청구 없이 기여분의 결정을 청구하는 것은 부적법하다. 따라서 반드시 법원에 상속재산분할심판을 제기하면서 기여분 결정의 심판청구를 해야 한다.

Q3 사례의 경우 아내 김갑녀에게 기여분이 인정될 가능성은 있나요?

인정되지 않을 가능성이 높다. 기여분이 인정되기 위해서는 피상속인을 특별히 부양하였다거나 피상속인 재산의 유지 또는 증가에 특별히 기여하였다는 사실이 인정되어야 하고, 단순히 가족 간의 부양의무를 이행한 것에 불과하면 기여로 인정되지 않는다. 아내가 가사 및 양육을 전담하는 한편, 남편을 간병한 것은 부부간에 당연히 해야 할 부양의무를 이행한 것이지 이를 넘어서는 특별한 기여행위로 보기는 어렵다. 따라서 사례와 같은 경우 기여분이 인정되지 않을 가능성이 높다.

Q4 사례에서 김갑녀, 김을수, 김하나가 김갑녀에게 1억 원의 기여분을 인정하기로 합의했다면 각 상속인별 상속분은 얼마인가요?

기여분이 인정되는 경우 상속재산에서 그 기여분을 공제하고 남은 상속재산으로 법정상속분을 계산한다. 사례에서 상속재산 8억 원에서 공동상속인들 간의 합의로 인정된 기여분 1억 원을 공제하면 남은 상속재산은 7억 원이다. 7억 원에 대한 김갑녀의 법정상속분은 3억 원(7억 원 × $\frac{3}{7}$)이고, 김을수, 김하나의 법정상속분은 각 2억 원(7억 원 × $\frac{2}{7}$)이다. 김갑녀의 경우 법정상속분 3억 원과 기여분 1억 원을 합한 4억 원을 상속받게 된다. 계산식을 표로 정리하면 다음과 같다.

상속재산	기여분	잔존 상속재산
8억 원	1억 원	7억 원

상속인	잔존 상속재산	법정 상속지분	법정상속분액 (잔존 상속재산 × 법정상속지분)	기여분	구체적 상속분 (법정상속분액 + 기여분)
김갑녀	7억 원	$\frac{3}{7}$	3억 원	1억 원	4억 원
김을수	7억 원	$\frac{2}{7}$	2억 원	0	2억 원
김하나	7억 원	$\frac{2}{7}$	2억 원	0	2억 원
합계		1	7억 원	1억 원	8억 원

Q5 만약 김갑동의 조카 김을동이 혼자 김갑동을 7년 동안 간병했다면, 김을동은 상속재산에 대한 기여분을 인정받을 수 있나요?

기여분이 인정되지 않는다. 기여분은 상속인에게만 인정된다. 김을동은 김갑동의 조카이지 상속인이 아니므로 기여분이 인정되지 않는다.

> **Tip** 기여분 정리
> - 기여분은 일반적인 부양의무 이상의 특별한 부양이나 재산의 유지, 증가에 특별히 기여한 때 인정된다(부부나 부모 자식 간에 일반적으로 할 수 있는 수준의 병간호 등은 특별한 기여에 해당하지 않음).
> - 기여분은 상속인 전원의 협의 또는 기여분 결정 심판청구를 통해서 인정받을 수 있다.
> - 법원에 기여분 결정을 구할 때는 상속재산분할 심판청구와 함께 해야 한다(상속재산분할 심판청구 없이 기여분 결정 청구를 할 수는 없음).
> - 기여분이 인정되면 기여분 만큼은 상속재산에서 공제하고, 나머지 재산만 상속재산으로 보고 상속분 등을 계산하게 된다.
> - 기여분은 상속인에게만 인정된다.

유류분 반환청구란?

> 김갑동의 상속인으로는 아내 김갑녀, 아들 김을수, 딸 김하나가 있다.
> 김갑동은 사망 직전에 아들 김을수에게 현금 2억 원, 아내 김갑녀에게
> 현금 5억 원을 각 증여하였다. 김갑동 사망 시 상속재산은 없었다.

Q1 김갑동이 생전 증여한 재산에 대하여 김하나가 권리를 주장할 수 있
는 방법은 무엇인가요?

김하나는 김갑녀, 김을수를 상대로 유류분 반환청구를 할 수 있다. 상
속이 개시되면 상속인은 상속재산에 대하여 최소한 일정한 비율을 확
보할 수 있는 지위를 가지며, 이를 유류분권이라고 한다. 피상속인의 직
계비속, 배우자가 상속인인 경우 법정상속분의 $\frac{1}{2}$을 유류분으로 받을
수 있다. 피상속인의 직계존속, 형제자매가 상속인인 경우에는 법정상
속분의 $\frac{1}{3}$이 유류분으로 인정된다.

Q2 김하나의 유류분은 얼마인가요?

유류분은 상속재산 가액에 피상속인의 생전 증여재산의 가액을 가산한
후 채무의 전액을 공제한 재산(유류분 산정의 기초가 되는 재산)에 해당 상속
인의 유류분율을 곱하여 산정한다. 유류분권자가 받은 특별수익액과 순
상속액을 합한 금액이 유류분에 미달하면, 유류분권자는 미달하는 유
류분 부족액을 증여 및 유증을 받은 자에게 반환청구할 수 있다. 이때

상속재산과 생전 증여재산 역시 상속개시 당시를 기준으로 산정한다.

사례의 경우 상속개시 당시를 기준으로 김갑동의 상속재산 가액 합계는 0원이고, 생전 증여 및 유증한 재산 가액 합계는 7억 원(김을수가 증여받은 현금 2억 원+김갑녀가 증여받은 현금 5억 원)이다. 따라서 유류분 산정의 기초가 되는 재산가액은 7억 원(상속재산 0원+증여재산 7억 원−상속채무 0원)이다. 김하나의 유류분 지분은 법정상속분인 $\frac{2}{7}$의 $\frac{1}{2}$인 $\frac{1}{7}$이다. 따라서 김하나의 유류분은 1억 원(유류분 산정의 기초가 되는 재산가액 7억 원×김하나의 유류분 지분 $\frac{1}{7}$)이다. 김하나는 망인으로부터 특별수익을 한 바 없으므로 유류분 전액이 유류분 부족액이 된다.

유류분과 유류분 부족액의 계산식을 정리하면 다음과 같다.

- 유류분액 = [유류분 산정의 기초가 되는 재산액(A) × 당해 유류분권자의 유류분의 비율(B)]
- 유류분 부족액 = [유류분 산정의 기초가 되는 재산액(A) × 당해 유류분권자의 유류분의 비율(B)]−당해 유류분권자의 특별수익액(C)−당해 유류분권자의 순상속분액(D)

A = 적극적 상속재산액+증여액−상속채무액
B = 피상속인의 직계비속은 그 법정상속분의 $\frac{1}{2}$
C = 당해 유류분권자의 수증액(생전에 증여받은 액수)+수유액(유증받은 액수)
D = 당해 유류분권자가 상속에 의하여 얻는 재산액−상속채무 분담액

[김하나의 유류분 부족액 계산]

유류분 산정의 기초가 되는 재산액(A)	당해 유류분권자의 유류분의 비율(B)	당해 유류분권자의 특별수익액(C)	당해 유류분권자의 순상속분액(D)	유류분 부족액 (A×B)−C−D
7억 원	$\frac{1}{7}$	0	0	1억 원

Q3 김갑녀, 김을수는 김하나에게 각 얼마씩 유류분을 반환해야 하나요?

김갑녀는 7,777만 7,778원, 김을수는 2,222만 2,222원을 반환하면 된다. 유류분권자가 유류분 부족액의 반환을 청구함에 있어 유류분을 침해하는 유증, 증여를 받은 공동상속인에 대하여는 그 공동상속인 고유의 유류분액을 초과한 유증 및 증여가액의 비율에 따라 반환해야 한다. 우선 아내 김갑녀의 유류분 지분은 법정상속분인 $\frac{3}{7}$의 $\frac{1}{2}$인 $\frac{3}{14}$이고, 아들인 김을수의 유류분 지분은 김하나와 같이 $\frac{1}{7}$이다. 그러므로 김갑녀의 유류분액은 1억 5,000만 원(유류분 산정의 기초가 되는 재산액 7억 원×김갑녀 유류지분 $\frac{3}{14}$)이고, 김을수의 유류분액은 김하나와 동일하게 1억 원이다. 따라서 김갑녀는 자신의 유류분(1억 5,000만 원)을 초과한 3억 5,000만 원(수증재산 5억 원−김갑녀 유류분액 1억 5,000만 원), 김을수는 1억 원(수증재산 2억 원−김을수 유류분액 1억 원)의 비율로 반환하면 된다. 즉, 김갑녀의 유류분 반환비율은 $\frac{7}{9}$이고, 김을수의 유류분반환비율은 $\frac{2}{9}$다. 결론적으로, 김갑녀는 1억 원의 $\frac{7}{9}$에 해당하는 7,777만 7,778원을, 김을수는 1억 원의 $\frac{2}{9}$에 해당하는 2,222만 2,222원을 김하나에게 반환해야 한다. 이로써 김하나는 자신의 유류분 부족액 1억 원을 반환받게 된다.

Q4 김하나가 김갑동의 생전에 유류분을 포기하기로 하는 각서를 작성했다면, 김하나는 더 이상 유류분을 청구할 수 없나요?

김하나는 여전히 유류분을 청구할 수 있다. 상속개시 전에 한 유류분 포기는 무효이기 때문이다.

Q5 김하나가 김갑동이 사망한 후 상속포기를 한 경우에도 유류분 반환청구를 할 수 있나요?

유류분은 상속분을 전제로 한 것으로서 상속이 개시된 후 일정한 기간 내에 적법하게 상속포기 신고가 이루어지면 상속포기자의 유류분 반환청구권 역시 당연히 소멸하게 된다. 따라서 김하나가 상속개시 후 상속포기를 한 이상 유류분 반환청구도 할 수 없다.

Tip 유류분 반환청구
- 유류분권: 상속인에게 상속재산 중 최소한 일정한 비율(유류지분)을 확보할 수 있는 권리
- 유류분 지분: 직계비속, 배우자는 법정상속분의 $\frac{1}{2}$, 직계존속, 형제자매는 법정상속분의 $\frac{1}{3}$)
- 상속개시 전에 한 유류분 포기는 무효다.

유류분 반환방법

> 김갑동의 상속인으로는 아들 김을수, 딸 김하나가 있다. 김갑동은 아들 김을수에게만 아파트를 증여했다. 김갑동의 사망 후 상속재산은 없고 위 아파트의 시가는 상속개시 당시 1억 원이며, 근저당권 등이 설정된 바 없다. 김하나는 김을수를 상대로 유류분 반환청구의 소를 제기했다.

Q1 김하나는 유류분을 금전으로 반환받나요? 부동산 지분으로 반환받나요?

원칙적으로는 부동산 지분을 반환받는다. 유류분 반환은 증여 또는 유증된 재산 그 자체를 반환하는 원물반환이 원칙이기 때문이다. 위 사례의 경우 김하나의 유류분 지분은 자신의 법정상속분($\frac{1}{2}$)의 절반인 $\frac{1}{4}$이다. 따라서 김하나는 김을수에게 위 아파트 중 $\frac{1}{4}$지분을 유류분으로 반환받을 수 있다.

Q2 김하나가 유류분을 가액(금전)으로 반환받을 수 있는 경우는?

원물반환이 불가능하거나 현저히 곤란한 경우 또는 김을수와 김하나가 가액(금전)으로 유류분을 반환받기로 합의한 경우에는 가액(금전)으로 반환받을 수 있다. 일반적으로 증여나 유증 후 그 목적물에 관하여 제3자가 저당권이나 지상권 등의 권리를 취득하면 원물반환이 불가능하거나 현저히 곤란한 경우로 본다.

사례에서 김을수가 부동산을 증여받은 후 근저당권을 설정하여 원물

자체를 반환하기가 곤란하게 되었다면, 김하나는 김을수에게 유류분 상당의 가액반환으로 2,500만 원(1억 원×$\frac{1}{4}$)을 청구할 수 있을 것이다.

> **Tip** **유류분 반환방법**
> • 원칙: 유증 및 증여 목적물 자체를 반환(원물반환)
> • 예외: 원물반환이 불가능하거나 현저히 곤란한 경우 또는 양 당사자가 가액반환에 합의한 경우 유류분액 상당의 가액반환

유류분도 소멸된다

> 김갑동의 상속인으로는 아내 김갑녀, 아들 김을수, 딸 김하나가 있다. 김하나는 김갑동이 살아 있을 때부터 김갑동이 김갑녀에게 5억 원, 김을수에게 2억 원의 현금을 증여한 사실을 알고 있었다. 그러나 김하나는 김갑동이 사망한지 3년이 지난 시점에 유류분 반환을 청구했다.

Q1 김하나는 유류분을 반환받을 수 있나요?

없다. 유류분 반환청구는 유류분권자가 상속의 개시와 반환해야 할 증여 또는 유증을 한 사실을 안 때로부터 1년 내에 행사하지 않으면 시효로 소멸한다. 즉, 상속개시뿐만 아니라 자신의 유류분을 침해하는 증여 또는 유증이 있는 사실까지 전부 안 때로부터 1년 내에 이를 행사해야

한다. 위 사례에서 김하나는 김갑동이 사망한 사실 및 김갑동이 김갑녀, 김을수에게 현금을 증여한 사실을 모두 알면서도 그로부터 1년 내에 유류분 반환청구를 행사하지 않았다. 따라서 김하나의 유류분 반환청구권은 위 사실을 안 때로부터 1년이 되는 시점에 소멸시효가 완성되어 소멸하였다.

Q2 만일 김하나가 김갑동이 사망한 후 13년 뒤에 비로소 김갑동이 김갑녀, 김을수에게 현금을 증여했다는 사실을 알고 바로 유류분 반환청구의 소를 제기했다면, 이때 유류분을 반환받을 수 있나요?

없다. 유류분 반환청구는 상속이 개시한 때로부터 10년이 경과한 때에도 시효로 소멸한다. 김하나가 나중에 증여사실을 알게 되었고 증여사실을 안 지 1년 내에 유류분 반환을 청구했더라도 상속이 개시한 때로부터 10년이 경과한 이상 김하나의 유류분 반환청구권은 소멸한 것이다.

> **Tip** ▶ **유류분 반환청구권의 소멸시효**
> - 상속개시와 유류분을 침해하는 증여 또는 유증사실을 안 때로부터 1년 또는 상속개시 시점으로부터 10년 중 어느 하나라도 경과하면 소멸시효가 완성된다.
> - 유류분 반환청구권은 소멸시효의 문제가 있으므로 상속개시일로부터 1년 이내에 소송을 제기해 둘 필요가 있다.

상속재산분할 심판청구와 유류분 반환청구의 진행 순서

> 김갑동에게는 상속인으로 아내 김갑녀, 아들 김을수, 딸 김하나가 있다.
> 김갑동이 사망한 후 상속인 김하나는 가정법원에 김갑동 명의로 된 상
> 속재산을 분할해달라는 심판청구를 제기했다. 또한 김하나는 민사법원
> 에 김을수를 상대로 김을수의 사전증여재산에 대한 유류분 반환청구도
> 하였다.

Q 상속재산분할 심판청구와 유류분 반환청구 중 통상 어느 것이 먼저 진
행되나요?

상속재산분할심판 사건과 유류분 반환 사건 두 가지 모두 소송이 제기
된 경우 상속재산분할심판 사건이 먼저 진행되는 것이 일반적이다. 피상
속인 김갑동이 김을수에게 사전에 증여한 재산이 있더라도 그 증여재
산의 가치는 미미한 반면, 남은 상속재산이 많은 경우가 있다. 이때 김
하나가 상속재산을 충분히 분할 받은 경우에는 유류분 침해가 없을 수
도 있다. 이 때문에 남은 상속재산에서 자신의 상속분이 어느 정도인지
를 먼저 확인할 필요가 있으므로 상속재산분할심판 사건이 먼저 진행되
는 것이 보통이다(물론 상속재산분할심판 사건이 대법원에서 확정되는 것까지 기다
리는 것은 아니다. 상속재산분할심판에서 1심 결과가 나오면, 유류분 반환 1심 소송도
진행되는 것이 일반적이다).

Tip 유류분 반환청구와 상속재산분할 심판청구는 어떻게 진행하는 것이 좋을까?

- 상속재산이 있는 경우: 합의 또는 법원 심판결정을 통해 상속재산을 먼저 분할한 후 그에 따라 유류분액을 산정해야 하는 것이 원칙이다. 그러나 남은 상속재산이 매우 적은 경우에는 유류분 반환청구만 하는 경우도 있다. 유류분 반환청구는 소멸시효 문제가 있으므로 유류분 침해가 의심되면 상속재산분할 심판청구와 유류분 반환의 소를 전부 제기해두는 것이 좋다.

- 상속재산이 없고, 사전증여 내지 유증 재산만 있는 경우에는 유류분 반환청구만 해도 된다.

- 상속재산이 없는 경우: 유류분반환청구만 제기하면 된다. 다만 남은 상속재산이 있기는 하지만 그 액수가 매우 적은 경우에는 분할할 만한 상속재산이 미미하기 때문에 유류분 반환청구만 하는 경우도 있다.

03
상속분쟁, 왜 일어날까

하나, 불공평한 재산분배

김갑동은 김갑녀와 결혼하여 아들 김을수, 딸 김하나를 두었다. 김갑녀는 일찍 사망하였고, 김갑동은 재혼도 하지 않고 혼자 힘으로 딸과 아들을 키웠다.

딸 김하나는 어린 시절부터 어머니 대신 집안 살림을 도맡아 했으며, 모범생으로서 공부도 잘 했고 홀로 된 아버지 김갑동에 대한 효성도 지극했다. 딸 김하나와 아들 김을수 간의 우애도 좋았다. 성인이 된 후 김하나는 대기업에 입사하여 상당한 월급을 받으면서 혼자 힘으로 생활했으며 김갑동에게 종종 용돈을 드리고 가구를 바꿔드리기도 했다. 김하나는 결혼할 때도 김갑동의 도움 없이 자신이 모은 돈으로 결혼했다. 김하나는 결혼한 후 남편과 함께 열심히 돈을 모아 시가 5억 원 상당의 아파트도 장만했으며, 시가 15억 원 상당의 상가를 비롯해 상당한 재산을 취득했다.

한편, 아들 김을수는 착하긴 했지만 학업에 뜻이 없었고 특별히 일을 하겠다는 의지도 없어 계속 백수로 지냈다. 김하나는 이런 남동생 김을수를 안타깝게 생각해서 자주 용돈을 주곤 했고, 차를 사주기도 했다.

김갑동 역시 아들인 김을수의 앞날이 걱정되었다. 이에 김갑동은 아들 김을수에게 시가 7억 원 상당의 상가 1채(매달 월세 400만 원)와 시가 6억 원 상당의 아파트 1채를 증여했다.

김갑동은 딸 김하나는 착하고 김갑동의 재산이 없어도 혼자 힘으로 잘 살 수 있는 데다가 남매의 사이도 좋으므로 자신의 결정에 불만이 없을 것이라고 생각했다.

김하나는 몇 년 뒤 우연한 기회에 김갑동이 남동생 김을수에게만 재산을 증여했다는 사실을 알게 되었다. 김하나는 자신은 홀아버지인 김갑동에게 걱정을 끼치지 않으려고 어린 시절부터 열심히 살아왔고 힘들게 직장생활을 하면서 돈을 벌었는데, 김을수는 놀고먹으면서도 재산을 받으니 불공평하다는 생각이 들었다. 김하나는 김갑동과 김을수에게 증여한 재산 중 일부를 다시 나누어 달라고 말했다.

김갑동은 김하나는 그 재산이 없어도 잘 살 수 있으니 능력 없는 남동생 김을수에게 재산을 양보하라고 했다. 그래도 김하나가 계속 재산을 나누어 달라고 하자, 부모 재산을 자식이 욕심내는 거냐고 야단치기도 했다. 김을수도 아버지 뜻을 거역할 수 없다는 말만 했다.

그 후 김하나는 김갑동, 김을수와의 왕래를 완전히 끊었다. 김갑동이 병이 들자 김을수는 김갑동을 홀로 간병했다. 김을수는 혼자 아버지를 간병하는 것이 너무 힘들어 김하나에게 가끔이라도 와서 아버지를 봐 달라고 도움을 청했다. 그러나 김하나는 아버지로부터 전 재산을 받은 김을수가 아버지를 책임지고 보살피라면서 전혀 간병을 도와주지 않았다. 김갑동이 사망한 후 상속재산은 현금 1억 원 정도가 남았다.

김하나는 생전에 김갑동이 김을수에게 많은 재산을 증여했으므로 남은 상속재산 1억 원은 김하나가 전부 분할 받아야 한다고 주장하면서 상속재산분할심판의 소를 제기했다. 법원은 김하나의 손을 들어주었다. 김하나는 이에 그치지 않고 자신이 분할 받은 1억 원만으로는 자신의 유류분을 만족시키지 못한다면서 김을수를 상대로 유류분 반환청구의 소를 제기해서 유류분까지 반환받았다. 상황이 이렇게 되자 김을수 역시 김갑동의 간병도 도와주지 않고 약간 남은 상속재산과 유류분을 가져간 누나 김하나를 원망하게 되었다.

이후 김을수는 사기를 당해 남은 상가와 아파트를 전부 날리고 말았다. 당장 생계가 곤란해진 김을수는 누나 김하나에게 도움을 청했지만, 김하나는 김을수가 아버지로부터 훨씬 더 많은 재산을 받았는데, 김을수의 잘못으로 그 재산을 날린 것이니 자기가 도와줄 이유가 없다면서 이를 거절했다.

Q 사례에서 김을수, 김하나 간에는 왜 상속재산 분쟁이 발생했나요?

김갑동의 불공평한 재산분배로 인해 분쟁이 발생한 것이다. 부모의 불공평한 재산분배로 인한 상속분쟁은 가장 많이 발생하는 분쟁 유형이다. 부모가 상속재산을 분배할 때 공평하게 나누어 주는 경우는 의외로 많지 않다. 부모는 공평하게 나누어 줬다고 생각했지만 부모와 자녀 간에 생각하는 공평한 재산분배가 달라서 분쟁이 발생하기도 한다. 예를 들어, 부모의 입장에서는 어려운 자녀에게 더 많은 재산을 분배하는 것을 공평한 재산분배라고 생각하지만, 자녀의 입장에서는 불공평하다고 생각할 수 있는 것이다.

통상 자녀들은 부모가 나누어 주는 재산을 자신에 대한 애정의 척도로 받아들이는 경향이 있다. 부모가 자신의 재산을 마음대로 분배하고 싶은 것처럼 자녀 역시 재산을 공평하게 나눠 받기를 바란다. 자신이 차

별을 받았다고 생각하는 자녀일수록 상속재산 분배에 민감하게 반응한다. 또한 과거와 달리 현재 세대는 스스로 부를 형성하기 힘든 시대에 살고 있다. 따라서 상속재산이 많은 금액이 아니더라도 부모의 뜻에 따라 이를 쉽게 포기하거나 양보하기란 현실적으로 쉽지 않고, 이런 현실 또한 상속분쟁을 촉발시키는 요인 중 하나다.

사례에서 김갑동은 김을수에게 더 많은 재산을 줌으로써 김하나와 비슷한 생활 수준을 가지게 해주었으니 이것을 공평한 분배라고 생각했다. 그러나 딸인 김하나의 입장에서는 김갑동의 이런 행동을 자신보다 김을수를 더 사랑한 것으로 받아들였다. 그동안은 대가를 바라지 않고 아버지와 남동생에게 잘 해주었지만, 아버지가 남동생에게만 재산을 증여한 순간 김하나도 그동안 가족들에 대한 애정과 헌신을 돈으로 계산하게 되었다. 그리고 더 이상 가족들에게 애정도 돈도 공짜로는 주고 싶지 않아진 것이다. 결국 김갑동의 불공평한 재산분배로 인해 김갑동 생전에 가족 관계가 단절되었을 뿐만 아니라 김갑동이 사망한 후에 상속재산으로 인한 분쟁이 발생하게 된 셈이다.

둘, 결과적으로 불공평해진 재산분배

김갑동은 김갑녀와 결혼하여 아들 김을수, 딸 김하나를 두었다. 아내 김갑녀는 자녀들이 대학생이었을 때 먼저 사망했다.

김갑동은 평소 재산분배는 공평해야 한다고 생각해왔다. 이에 김갑동은 2000년경 김을수가 사업자금으로 필요하다고 하여 김을수에게 현금 3억 원을 증여하면서 딸인 김하나에게도 당시 시가로 3억 원 정도인 강남 아파트 1채를 증여했다.

그 당시 자녀들은 재산분배에 만족했다. 김갑동은 2017년에 사망했고, 상속재산은 없었다. 그런데 김하나가 증여받았던 아파트의 시가가 폭등하여 김갑동이 사망했을 당시에는 25억 원이 되었다. 반면 김을수는 현금 3억 원을 사업자금으로 전부 사용했는데, 사업이 잘 되지 않아서 본전도 제대로 건지지 못한 상태다.

생계가 곤란해진 김을수는 김하나를 상대로 유류분 반환청구의 소를 제기했다.

Q 사례에서 김을수, 김하나 간에 상속재산 분쟁이 발생한 이유는 무엇인가요?

증여재산의 시가가 증여 시보다 상속개시 당시 크게 상승했기 때문이다. 유류분은 상속개시 당시를 기준으로 증여재산의 시가를 평가한다. 따라서 증여 당시에는 별다른 가치가 없는 재산이어서 유류분이 문제되지 않거나 유류분액이 얼마 되지 않을 것으로 예상했다가 상속개시 당시 시가가 오르면서 유류분이 문제되는 경우가 있다. 예를 들어, 아버지가 아들에게 별 가치가 없었던 시골 토지를 증여했는데, 위 토지가 우연한 사정으로 개발되면서 가격이 폭등한 경우다.

이러한 경우는 망인이 나름대로 공평하게 재산을 분배했지만 어느 일방이 증여받은 재산의 시가가 오르면서 예상치 못한 사정으로 분쟁이 발생한 경우라고 할 수 있다.

셋, 치매노인과 상속분쟁

김갑동은 김갑녀와 결혼하여 아들 김을수, 딸 김하나를 두었다. 아내 김갑녀가 사망한 후 혼자 남은 김갑동은 치매 증상을 보이기 시작했다. 김을수는 김갑동과 함께 거주하면서 김갑동을 간병했다. 김하나는 아버지인 김갑동을 문병하려고 했지만, 김을수는 이런 저런 핑계를 대면서 김하나가 오는 것을 막았다. 몇 개월 후 김갑동은 사망하였다.

김하나는 김갑동의 사망 후 김을수가 간병기간 동안 김갑동으로부터 상가 1채와 아파트 1채를 증여받은 사실을 알게 되었다. 또한 김을수는 김하나에게 "김갑동의 전재산을 김을수에게 유증한다"는 자필유언장까지 보여주면서 남은 상속재산도 전부 김을수가 분배받아야 한다고 주장하였다.

김하나는 김갑동이 치매로 의사능력이 없는 상태에서 김을수가 증여계약서 및 유언장을 위조했다고 생각했고, 김을수를 사문서 위조 등으로 고소하는 한편, 김을수를 상대로 증여받은 부동산에 대한 소유권이전등기 말소청구 및 유언무효확인의 소를 제기하였다.

나중에 법원은 의심스러운 상황이기는 하지만 김하나의 주장을 입증할 증거가 부족하다는 이유로 김하나에게 패소 판결을 선고했다. 검찰에서도 같은 이유로 김을수를 무혐의처분했다. 김하나는 비록 패소했지만 이는 증거가 부족해서 일 뿐 김을수가 치매인 김갑동을 이용해 재산을 빼돌린 것이 진실이라고 믿었다. 김하나는 김을수를 극도로 미워하게 되었으며, 남매는 남보다 못한 사이가 되고 말았다.

Q 사례에서 김을수, 김하나 간에 상속재산 분쟁이 발생한 이유는 무엇인가요?

김갑동이 건강할 때 자신의 재산상속을 미리 준비하지 않았기 때문이다. 고령화 사회가 되면서 치매가 급증하고 있다. 이에 따라 치매에 걸린 부모를 둔 자녀들 간의 상속분쟁도 늘어나고 있다. 치매에 걸렸다고 하더라도 반드시 의사능력이 없는 것은 아니다. 치매라고 하더라도 치매의 경중과 그 날 환자의 상태에 따라 의사능력이 있을 수 있다. 즉, 치매 환자라고 하더라도 정신이 명료한 때에는 충분히 의사능력이 있다. 그러나 문제는 치매가 발병하기 전에 미리 상속을 준비해두지 않으면, 치매가 발병한 후에는 설사 피상속인이 의사능력이 있는 상태에서 증여나 유언을 했더라도 이를 믿지 않는 자녀들 때문에 분쟁이 발생할 가능성이 높다는 것이다. 나중에 소송을 통해 어떤 결과가 나오든 간에 소송과정에서 상속인들 간의 관계는 회복이 어려울 정도로 파탄되기 마련이다.

> **Tip** ▶ 상속분쟁, 왜 발생할까?
> • 상속분쟁이 발생하는 이유는 결국 ① 불공평한 재산분배, ② 사전 준비 없는 상속 때문이다.

04
분쟁 없이 상속하는 방법

하나, 공평한 재산분할

> 김갑동에게는 상속인으로 아내 김을녀, 아들 김을수, 딸 김하나가 있다. 김갑동의 재산으로는 현재 시가 5억 원 상당의 아파트 1채, 7억 원 상당의 상가 1채, 2억 원 상당의 토지가 있다.

Q 공평한 재산분할을 하려면 어떻게 해야 하나요?

상속인들에게 법정상속분 비율(김을녀 $\frac{3}{7}$, 김을수, 김하나 각 $\frac{2}{7}$)대로 공평하게 분할하도록 유언하거나 사전증여하면 된다. 수학적으로 공평하게 재산을 분할하는 경우에는 당장 상속재산 분쟁이 일어날 가능성은 높지 않은 것은 사실이다.

그러나 현실적으로 상속재산분배는 그것만 고려할 수는 없다. 예를 들어, 모든 부동산을 법정상속분대로 분할하도록 유언한다고 하더라도 나중에 공유물 분할 소송 등 후속 분쟁은 발생할 수 있다. 그리고 경제 능력 없는 배우자나 장애가 있는 자녀를 위해 거주지와 생활 방편을 마련해주어야 할 경우도 있다(자녀가 부모형제를 상대로 박정하게 굴지 않을 것이라고 생각하겠지만, 자녀가 자신이 물려받은 주택에 살고 있는 어머니를 내쫓기 위해 명도 소송을 제기하는 경우도 있다). 이를 위해서 유류분 문제가 발생하더라도 배우자가 살고 있는 아파트나 상가에 관한 과반수 이상의 지분을 확보해주는 등의 배려를 할 필요가 있는 것이다.

즉, 재산분할은 상속인들 간의 공평성뿐만 아니라 재산의 사용현황, 상속인들의 처지, 사전증여액 등 여러 사정까지 종합하여 이루어질 필요가 있다.

둘, 유언

김갑동의 아버지는 유언 없이 사망하였다. 김갑동과 그 형제들은 상속재산을 어떻게 분할할지 합의하지 못했다. 김갑동과 그 형제들은 상속재산을 분할하기 위해 상속재산분할 심판청구의 소를 제기했다. 위 사건은 대법원까지 계속되었고 결국 상속재산분할심판을 통해 상속재산이 분할되기까지 7년이 걸렸다. 그 과정에서 김갑동과 형제들은 사이가 극단적으로 악화되었고, 위 분할심판이 끝난 후에도 관계는 개선되지 않아 서로의 장례식조차 참석하지 않았다.
김갑동은 이런 분쟁을 겪은 후 자신의 자녀들은 이런 고통을 겪지 않도록 사전에 미리 상속재산분할 방법을 정해두어야겠다고 생각했다. 다만, 김갑동은 굳이 자녀들에게 사전에 재산을 증여할 생각까지는 없다.

Q1 김갑동은 어떤 방법으로 상속재산 분할방법을 정해둘 수 있나요?

유언을 하면 된다. 유언을 하면 유언자가 사망한 때로부터 그 효력이 생긴다(민법 제1073조 제1항). 따라서 김갑동이 유언을 통해 미리 상속재산 분할방법을 정해두면 유언자가 사망한 때(상속개시 시)부터 효력이 있다.

Q2 유언은 어떤 방식으로 해야 하나요?

우리나라 민법은 자필증서, 녹음, 공정증서, 비밀증서, 구수증서에 관한 유언 등 5가지 방식의 유언을 규정하고 있다. 민법이 정한 방식에 어긋난 유언은 그것이 유언자의 진정한 의사에 따른 유언이더라도 무효가 된다. 따라서 유언을 하면서 법적 지식 부족으로 잘못된 방식으로 유언을 한다면 유언은 무효가 되며 상속인들 간의 분쟁도 막지 못한다. 비용을 조금 줄이려다가 소탐대실하는 결과가 초래될 수 있다. 따라서 유언을 하기로 결정했다면, 유언장 작성에 관하여 반드시 법률전문가의 조언을 받을 필요가 있다.

민법이 정한 5가지 유언 방식은 아래와 같다.

① 자필(自筆) 증서에 의한 유언: 유언자가 그 전문(全文)과 연월일·성명·주소를 스스로 쓰고 날인해야 한다. 날인은 반드시 인감도장으로 날인할 필요는 없고, 지장도 가능하다.

② 녹음에 의한 유언: 유언자가 유언의 취지 및 성명과 연월일을 구술(口述)하고, 이에 참여한 증인이 유언의 정확함과 그 성명을 구술하여 그 내

용을 녹음하는 방식이다. 미성년자·피성년후견인·피한정후견인, 유언으로 이익을 받을 자 및 그 배우자와 직계혈족 등은 유언의 증인이 될 수 없다.

③ 공정증서에 의한 유언: 유언자가 증인 2인이 참여한 공증인의 면전에서 유언의 취지를 구수(口授)하고, 공증인이 이를 필기·낭독하여 유언자와 증인이 그 정확함을 승인한 후 각자 서명 또는 기명날인한다.

④ 비밀증서에 의한 유언: 유언자가 필자의 성명을 기입한 증서를 엄봉·날인하고, 이를 2인 이상의 증인 면전에 제출하여 자기의 유언서임을 표시한 뒤, 그 봉서표면에 제출 연월일을 기재하고 유언자와 증인이 각자 서명 또는 기명날인한다. 이 유언봉서는 그 표면에 기재된 날로부터 5일 내에 공증인 또는 법원서기에게 제출하여, 그 봉인 위에 확정일자인을 받아야 한다.

⑤ 구수증서에 의한 유언: 질병, 기타 급박한 사유로 위의 4가지 방식에 의할 수 없는 경우에, 유언자가 2인 이상 증인의 참여로 그 1인에게 유언의 취지를 구수하고, 그 구수를 받은 자가 이를 필기·낭독하여 유언자와 증인이 그 정확함을 승인한 후, 각자 서명 또는 기명날인한다. 이 유언 방식은 자필, 녹음, 공정증서, 비밀증서에 의한 유언이 불가능한 경우에만 인정된다는 점을 주의해야 한다. 또한 이 유언이 이루어지면 증인 또는 이해관계인이 급박한 사유의 종료일로부터 7일 내에 법원에 그 검인(檢認)을 신청해야 하고 그렇지 않으면 무효가 된다.

Q3 김갑동이 비용을 들이지 않고 간편하게 할 수 있는 유언의 방식은?

자필증서에 의한 유언이다. 유언자가 유언장 전문(全文)과 연월일·성명·주소를 스스로 쓰고 날인만 하면 효력이 있다. 그러나 작성하기 쉬운 만큼 유언자의 필체 등이 진위인지 여부에 관한 사후 분쟁이 발생할 수 있다. 유언자가 나이가 들어 기력이 쇠하면서 필적이 달라지는 경우에 이런 문제가 자주 발생한다. 뿐만 아니라 유언자가 혼자서 유언장을 작성하다가 연월일, 성명, 주소 등을 정확하게 기재하지 않아 유언이 무효가 되는 경우도 많다. 즉, 가장 간편하고 경제적인 방식이지만 혼자 작성하다가 유언의 방식을 지키지 못해 무효가 되거나 위·변조 시비가 가장 많이 발생하는 방식이기도 하다.

Q4 김갑동이 유언의 효력을 가장 확실하게 보장받을 수 있는 유언의 방식은?

공정증서에 의한 유언이다. 공정증서는 공증수수료 상당의 비용이 들고 증인을 구해야 하는 번거로움이 있기는 하나, 공증인의 참여하에 하는 유언이며 유언의 확실성을 확보할 수 있는 방식이다. 공정증서에 의한 유언은 사후 유언의 효력에 관한 분쟁이 발생할 가능성이 낮다.

Q5 김갑동은 유언 후에 이를 철회할 수 있나요? 그 철회 방법은?

철회할 수 있다. 유언자는 언제든지 유언 또는 생전 행위로 종전의 유언을 철회할 수 있다. 김갑동이 아들 김을수에게 자신의 아파트를 유증하는 유언을 했더라도 유언자는 언제든지 유언과 달리 아파트를 생전에 매각한 후 그 매각대금을 자신이 소비할 수 있다(이 경우 아파트에 대한 김 갑동의 유언으로 철회된 것으로 봐야 한다). 그러나 유언 철회 시 유언 의사를 명확히 하여 분쟁의 소지를 줄이기 위해서는 유언 철회에 관한 문서를 남겨둘 필요가 있다.

Q6 김갑동은 2000년에는 김을수에게 아파트를 주겠다고 유언을 했다가 2010년에는 김을수에게 상가를 주고, 김하나에게 아파트를 주겠다고 유언 했습니다. 그 직후 김갑동은 사망했으며 더 이상 유언을 하지 않았다면, 상 가와 아파트를 유증 받은 사람은 누구인가요?

2010년 유언대로 김을수가 상가를, 김하나가 아파트를 유증 받는다. 전 후의 유언이 저촉되는 경우 그 저촉된 부분의 전유언은 철회한 것으로 보기 때문이다. 2000년에 김을수에게 아파트를 주겠다는 유언과 2010 년에 김하나에게 아파트를 주겠다는 유언은 서로 저촉된다. 2010년 유 언으로 인해 2000년에 김을수에게 아파트를 주겠다고 한 유언을 철회 되었다고 보아야 한다.

Q7 김갑동이 일부 재산에 관하여만 유언하는 것도 가능한가요?

가능하다. 일부 중요 재산에 대해서만 유언을 하고 나머지 재산에 대해 서는 유언하지 않아도 된다. 유언이 없는 나머지 재산에 관하여는 상속인들 전원의 합의로 상속재산을 분할하거나, 전원의 합의가 이루어지지 않으면 법원에 상속재산분할 심판청구를 하여 분할하면 된다.

(Q8) 김갑동은 유언 후 유언의 진정성이나 효력에 대해서 다툼이 없기를 바랍니다. 이를 위해 김갑동이 현실적으로 선택할 수 있는 방법은 무엇인가요?

유언 후 상속인들 전원에게 유언장 작성 사실을 사전에 알리는 것이다(이메일이나 문자 등으로 알려주었다는 사실 자체를 남기는 것도 필요하다). 피상속인은 유언장 작성 후 괜히 분쟁이 발생할까봐 우려하여 그 사실을 알리지 않는 경우가 상당하다. 그 경우 상속인들이 피상속인 사망 후 피상속인이 유언을 했다는 사실 자체를 믿을 수 없다면서 문제를 제기하는 경우가 많다.

그러나 오히려 상속인들에게 유언장 작성 및 그 내용을 알려줌으로써 누가 어떤 이유로 유산 상속에 불만을 품고 있는지를 파악한 후 상속분을 조정하는 절차를 통해 분쟁을 예방할 수 있다. 최소한 피상속인이 유언장 내용까지는 알려주지 않더라도 유언장을 작성해두었다는 사실만 고지해도 추후 유언 효력에 관한 분쟁의 발생할 가능성을 낮출 수 있다.

유언의 효력

- 유언으로 상속재산을 전부 분배해두면 유언자 사망 시부터 그 효력이 발생
  한다. 유언을 해둔 재산에 관하여는 그에 따라 상속재산이 분할되므로, 상
  속인들이 상속재산분할 방법을 두고 다툴 여지가 없다.

유언 시 주의할 점

- 유언의 방식을 지키지 않은 유언은 유언자의 진의에 따른 것이라도 무조건
  무효다. 따라서 반드시 전문가의 조언이나 확인을 받아야 한다.
- 가장 간편하고 경제적인 유언의 방식은 자필증서에 의한 유언이다.
- 유언의 확실성을 보장받을 수 있는 유언의 방식은 공정증서에 의한 유언이다.
- 유언자는 언제든지 유언을 철회할 수 있고, 종전 유언과 다른 유언을 할 수
  있다.
- 유언자는 일부 중요한 재산에 관하여만 유언을 할 수도 있다. 유언을 해둔
  재산은 그에 따라 분할되나, 유언하지 않은 상속재산에 관하여는 상속재산
  분할절차(합의 또는 법원의 심판결정)를 거쳐야 한다.

셋, 유언으로 유류분 문제를 최소화

> 김갑동에게는 상속인으로 아내 김갑녀, 아들 김을수, 딸 김하나가 있다.
> 김갑동의 재산으로는 현재 시가 1억 원 상당의 아파트 1채, 3억 원 상
> 당의 상가 1채, 1억 원 상당의 토지가 있다. 김갑동의 아내는 전업주부
> 로 지내왔으며 경제적 능력이 전혀 없다. 김갑동은 아내의 생계를 위해
> 월세가 나오는 상가를 아내에게 주고 싶지만, 상속인들 간에 유류분 반
> 환 분쟁이 발생하지 않기를 바란다.

Q1 김갑동은 상속개시 전에 상속인들 간의 유류분을 정확하게 계산할 수
있나요?

유류분 문제가 발생할지 여부 및 그 반환가액이 얼마일지는 정확하게
산정하기는 어렵다. 유류분은 상속개시 당시(피상속인 사망 시)에 비로소
확정되기 때문이다. 사례와 같은 경우에도 김갑동 소유의 아파트, 상가,
토지의 시가는 현재 시가에 불과하다. 미래에 상속이 개시될 때는 그
시가가 어떻게 변동될지는 아무도 모른다. 따라서 사전증여나 유언 시
나름대로 유류분을 감안해서 적정한 재산분배를 했어도 나중에 시가
변동 때문에 유류분 문제가 발생할 수 있다.

Q2 유류분 문제를 완전히 해결할 수 없음에도 유언이 필요한 이유는?

① 분쟁의 최소화: 유언으로 상속재산을 전부 분배해두면 유언자 사망
시부터 그 효력이 발생한다. 따라서 유언을 해둔 재산에 관하여는 상속

재산분할에 관한 문제는 발생하지 않는다. 만약 사전증여를 받은 상속인이 있더라도 그에 대한 유류분 반환문제만 해결하면 된다(때로는 유류분 문제가 있는데도, 상속인들이 유류분 반환청구를 하지 않은 채로 소멸시효가 완성되어 유류분 분쟁 자체가 발생하지 않는 경우도 있다). 그러나 유언을 해두지 않으면 상속재산분할과 유류분 반환 문제가 모두 발생한다. 이때 통상 상속재산분할 사건을 먼저 진행한 후 유류분 반환사건이 진행되므로 소송에 걸리는 시간과 비용이 상당하다. 유언으로 모든 재산에 대해 상속재산 분할방법을 미리 지정 해두면, 상속 분쟁이 발생하더라도 상속인들의 피해를 최소한으로 줄일 수 있다.

② 적절한 재산분배: 유언을 하게 되면 피상속인은 상속재산의 현황, 사전증여 가액, 상속인의 사정을 감안하여 자신이 원하는 대로 상속재산을 분배할 수 있다. 사례에서 김갑동이 유언을 하지 않고 사망했다고 가정해보자. 아내 김갑녀는 생계를 위해 매달 월세가 나오는 상가를 분할 받을 필요가 있다. 그러나 김갑동의 유언이 없는 이상 김갑녀는 김을수, 김하나의 동의가 있는 경우에만 상가를 분할 받을 수 있다. 김을수, 김하나가 동의하지 않는 경우에는 다른 재산을 분할받거나 아니면 소송 등에 휘말릴 수도 있는 것이다. 고령에 경제적 능력이 없는 김갑녀가 소송 등에 효과적으로 대응할 수 있을지 의문이므로, 김갑동으로서는 유언을 통해 배우자 김갑녀의 생계를 위한 재산을 확보해줄 필요가 있다.

- 유언을 통해 상속재산을 분할하면 유류분 문제는 발생하더라도 분쟁을 최
  소화하고, 적정한 상속재산 분배가 가능하다.

넷, 임의후견계약

> 김하나는 남동생 김을수가 치매에 걸린 아버지를 이용하여 상속재산을
> 빼돌리는 바람에 남동생 김을수를 민·형사상 고소한 경험이 있다. 김
> 하나는 그 사건 이후 남동생과 인연을 끊었다.
> 김하나는 위 경험을 통해 누구나 치매에 걸릴 수 있고, 치매에 걸리면
> 재산관리 등에 문제가 발생하며 이는 결국 상속분쟁으로 이어진다는
> 사실을 뼈저리게 느꼈다. 이에 김하나는 자신이 치매에 걸릴 때를 미리
> 대비하기로 결심했다.

Q1 치매에 걸릴 때를 대비해 김하나가 할 수 있는 것은?

임의후견계약이다. 임의후견계약은 질병, 장애, 노령, 그 밖의 사유로
인한 정신적 제약으로 사무를 처리할 능력이 부족한 상황에 있거나 부
족하게 될 상황에 대비하여 자신의 재산관리 및 신상보호에 관한 사무
의 전부 또는 일부를 다른 자(임의후견인)에게 위탁하고 그 위탁사무에
관하여 대리권을 수여하는 것을 내용으로 하는 계약이다. 임의후견계
약은 본인의 정신이 명료할 때 미리 믿을 만한 후견인과 후견내용 등을

정해두는 것이다. 주로 배우자나 믿을 만한 자녀를 임의후견인으로 지정하는 경우가 많지만, 가족들 간의 분쟁이 우려되는 경우에는 일정 보수를 지급하더라도 변호사 등 전문가를 선임하는 것도 방법이다.

Q2 임의후견계약의 체결 방법과 효력발생 시기는?

임의후견계약은 공정증서로 체결해야 하며, 그 후 관할 법원에 후견 등기를 경료하면 된다. 임의후견계약을 체결하였더라도 그 효력은 바로 발생하지 않는다. 나중에 본인이 사무를 처리할 능력이 부족한 상황에 빠지면, 가정법원이 본인, 배우자, 4촌 이내의 친족, 임의후견인의 청구에 따라 임의후견감독인을 선임하면 그 때부터 효력이 발생한다.

Q3 임의후견계약에 따라 임의후견감독인이 선임되면 어떻게 되나요?

임의후견계약에 따라 미리 정해진 후견인이 재산관리 및 신상보호에 대한 대리권을 맡게 된다. 이 때 법원이 정한 임의후견감독인이 후견인의 후견사무처리가 적정한지를 감독하게 된다. 따라서 본인의 재산관리나 신상보호가 믿을 만한 후견인을 통해 이루어짐으로써 주변 사람들이 본인의 재산을 임의로 관리, 처분하는 행위를 막을 수 있다.

임의후견계약의 의미, 절차, 효과

- 치매 등으로 사무처리능력이 부족해질 경우를 대비하여 미리 믿을 만한 사람에게 재산을 어떻게 관리할지 정해두고 싶다면 임의후견계약을 체결하면 된다.
- 임의후견계약은 공정증서로 체결하고, 법원에 등기해야 한다.
- 임의후견계약의 효력은 법원의 임의후견감독 선임 시 발생하므로 그 전까지 의사능력에 문제가 없는 한 본인이 재산을 관리, 처분하는 데 아무런 제한이 없다.

Tip 2 임의후견계약의 유용성

- 의사능력이 정상적일 때 임의후견계약을 체결해두면 나중에 치매 등에 걸리더라도 재산이 함부로 처분되는 것을 막고 재산을 잘 관리할 수 있으므로, 그로 인한 상속분쟁도 예방할 수 있다.

05
그래도 챙겨주고 싶은 자식,
더 주는 방법은 무엇일까

유언과 사전증여를 활용하라

김갑동은 70세이며 죽은 아내 김갑녀와의 사이에 아들 김을수, 딸 김하나가 있다. 아내 김갑녀가 죽은 뒤 딸 김하나는 김갑동을 자주 찾아뵈면서 돌보았다. 김갑동은 자신을 돌보면서 고생하고 있는 딸 김하나에게 더 많은 재산을 물려주고 싶다. 김갑동은 현재 시가 3,000만 원 상당의 상가 1채, 시가 2,000만 원 상당의 토지 1필지, 시가 3,000만 원 상당의 아파트 1채, 현금 5,000만 원을 소유하고 있다.

Q1 김갑동이 김하나에게 재산을 더 많이 물려줄 수 있는 방법은?

유증 및 사전증여다. 다만, 김하나에게 법정상속분보다 많은 재산을 유증 또는 사전증여하는 경우 다른 상속인 김을수가 김하나를 상대로 유류분 반환청구를 할 수 있다.

Q2 김갑동이 유류분 반환 분쟁을 최소화하면서 재산을 더 물려주는 방법은?

유언장을 계속 변경하는 방법을 생각해볼 수 있다. 이론적으로 피상속인이 나머지 상속인들의 유류분을 침해하지 않는 범위 내에서 유증하거나 사인증여를 하면, 유류분 문제가 발생하지 않는다. 그러나 유류분은 피상속인 사망한 때(상속개시 시)에 비로소 확정된다. 따라서 피상속인이 사망하기 전인 사전증여 또는 유언장 작성시에는 이를 산정하기 어렵다.

유언장 작성 후 재산내역 및 시가 변동에 따라 유류분 문제가 발생하지 않도록 유언내용을 조정하면 이런 문제를 최소화할 수 있다. 먼저 유언장 작성 시점을 기준으로 유류분을 감안하여 상속재산을 분배하는 내용으로 유언장을 작성한다(사전증여한 재산이 있는 경우에는 위 재산까지 감안한다). 이러한 유언장 작성 후 상속재산 및 그 시가에 급격한 변동이 발생하면 다시 유류분을 재계산하여 그에 맞게 유언장을 변경한다. 그러면 상속개시 시의 유류분과 비슷하게 계산할 가능성이 높아진다. 미국 등에서는 개인들도 자세한 유언장을 작성할 뿐만 아니라 사후에 대비하여 매년 유언장을 다시 작성하는 것이 보통이다. 최근 우리나라에서도 상속분쟁이 늘어나면서 유언장 작성 및 변경에 대해서 관심을 갖는 사람들이 많아지고 있다.

Q3 김갑동은 김하나가 자신을 보러 올 때마다 현금으로 적게는 50만 원

에서 많게는 300만 원까지 교부했습니다. 이 역시 유류분 반환 대상인가요?

유류분 반환 대상이 아닐 가능성이 높다. 유류분 반환 대상인 유증이나 증여는 상속재산을 미리 주는 정도(상속분의 선급)에 이르러야 한다. 그러나 김갑동이 김하나에게 계좌이체가 아니라 소액 현금을 용돈으로 주는 정도는 상속분의 선급으로 보기 어렵다(이러한 금액은 소송에서도 입증이 어렵다). 김갑동은 김하나에게 수시로 소규모 현금을 주는 방식으로 드러나지 않게 챙겨줄 수도 있다.

> **Tip 1** ▶ 더 많은 재산을 챙겨주고 싶은 자녀가 있다면 유증과 사전증여를 생각해보자
> - 자녀에게 법정상속분 이상의 재산을 물려주고 싶다면 유증 또는 사전증여를 하면 된다.
> - 유증이나 사전증여로 더 많은 재산을 물려주면 유류분 반환 문제가 발생할 수 있다.
> - 소액 현금은 유류분 반환대상으로 보기 어려우므로 조금 더 챙겨주고 싶은 자녀에게는 상속분 선급에 이르지 않도록 소액 현금을 주거나 선물 등을 사주는 방법을 생각해볼 수 있다.
>
> **Tip 2** ▶ 유류분 문제를 최소화하고 싶다면 유언장 변경을 통해 상속문제를 계속 관리하자
> - 유류분 문제를 최소화하기 위해서는 유류분을 예상하여 재산을 분배하는 유언장을 작성한 후 유언장 변경을 통해 계속 관리할 필요가 있다.

상속인의 배우자 및 직계비속에 대한 사전증여

앞의 사례에서 김하나에게는 배우자인 이두남과 아들 이갑수가 있다. 김갑동은 김하나의 아들인 이갑수에게 상가(3,000만 원)와 토지(2,000만 원)를 사전에 증여했다(위 증여 후에도 김갑동에게는 3,000만 원 아파트와 현금 5,000만 원이 있었다). 위 증여 후 5년이 지나 김갑동은 사망했다. 김갑동은 원래 가지고 있던 아파트를 매각하였고, 그 매각대금과 현금 5,000만 원은 생전에 병원비 및 생활비 등으로 전부 소비했다. 따라서 상속재산은 없다.

Q1 김갑동은 김하나의 아들 이갑수에게 위와 같이 사전증여를 하는 방법으로 아들 김을수의 유류분 반환청구를 피할 수 있나요?

그럴 가능성이 높다. 김하나의 아들 이갑수는 김갑동의 외손자로서 공동상속인이 아니라 제3자다. 이와 같이 공동상속인이 아닌 제3자에 대한 증여는 원칙적으로 상속개시 전의 1년간에 행한 것에 한하여 유류분 반환청구를 할 수 있다. 다만 당사자 쌍방이 증여 당시에 유류분권리자에 손해를 가할 것을 알고 증여를 한 때에는 상속개시 1년 전에 한 것에 대하여도 유류분 반환청구가 허용된다. 제3자에 대한 증여가 유류분권리자에게 손해를 가할 것을 알고 행해진 것이라고 보기 위해서는, ① 당사자 쌍방이 증여 당시 증여재산의 가액이 증여하고 남은 재산의 가액을 초과한다는 점을 알았던 사정뿐만 아니라 ② 장래 상속개시일에 이르기까지 피상속인의 재산이 증가하지 않으리라는 점까지 예견하고 증

여를 행한 사정이 인정되어야 하고, 이러한 당사자 쌍방의 가해의 인식
은 증여 당시를 기준으로 판단해야 한다.

그런데 사례의 경우 김갑동의 이갑수에 대한 증여는 상속개시 5년 전
증여이므로 김을수는 원칙적으로 유류분 반환청구를 할 수 없다. 예
외적으로 이갑수와 김갑동이 유류분권리자에게 손해를 가할 것을 알
고 증여한 때에만 유류분 반환청구가 가능하다. 그런데 당시 김갑동이
증여한 재산의 합계는 5,000만 원이고, 증여 후 남은 김갑동의 재산은
8,000만 원이다. 따라서 증여 당시 증여재산의 가액(5,000만 원) 증여하
고 남은 재산 가액(8,000만 원)을 초과하지 않으므로 이을수나 김갑동이
증여 당시 유류분권리자에게 손해를 가할 것을 알았다고 보기 어렵다.
결국 김갑동은 김하나의 아들 이갑수에게 재산을 증여함으로써 사실
상 김하나에게만 상속재산을 물려준 셈이다.

Q2 김갑동에게 상속재산으로 아파트 1채(5,000만 원)가 남아 있었다면, 김
하나는 이를 분할 받을 수 있나요?

김하나는 분할 받을 수 없고, 김을수만 5,000만 원 전액을 분할 받을
수 있다. 상속재산분할에서 특별수익을 판단함에 있어서는 상속인의 직
계비속이 받은 증여도 포함된다. 유류분 반환대상은 안 되더라도 남은
상속재산에서 특별수익으로 인정되어 자신의 직계비속이 받은 증여재
산 만큼은 상속분에서 제외되는 것이다.

상속재산 합계	5,000만 원
특별수익 합계	5,000만 원
총 합계(간주 상속재산)	1억 원

[상속인별 구체적 상속분 계산]

상속인	간주 상속재산	법정 상속지분	법정상속분액 (간주 상속재산 ×법정상속지분)	특별수익 (직계비속 특별수 익도 포함)	구체적 상속분 (법정상속분액 – 특별수익)
김하나	1억 원	$\frac{1}{2}$	5,000만 원	5,000만 원	0
김을수	1억 원	$\frac{1}{2}$	5,000만 원	0	5,000만 원
합계		1	1억 원	5,000만 원	5,000만 원

결국 이 경우 김하나는 아들인 이갑수를 통해 5,000만 원 상당의 재산을 사전증여 받았지만, 김을수는 상속재산으로 5,000만 원을 분할 받았으므로 사실상 동일하게 상속을 받은 셈이 된다. 따라서 상속인의 배우자, 직계비속에게 사전증여를 하여 유류분 문제를 회피하더라도, 그 상속인이 반드시 더 많은 재산을 상속받게 되는 것은 아니다. 따라서 상속재산 내역과 사전증여 재산, 시기 등을 고려하여 각자의 사정에 맞는 상속분배 계획을 정할 필요가 있는 것이다.

공동상속인의 배우자, 직계비속 등 제3자에 대한 증여를 통한 상속방법

• 공동상속인 아닌 제3자에 대한 증여

  (원칙) 상속개시 전 1년 간의 증여만 유류분 반환청구 대상

  (예외) 증여자와 수증자가 증여로 인해 유류분권리자에게 손해를 가할 것을

  　　　 알고 한 증여

  – 상속개시 1년 이전의 증여도 유류분 반환청구 대상이다.

• 공동상속인의 배우자, 직계비속에 대한 사전증여는 제3자에 대한 증여로
  취급되어 경우에 따라 유류분 반환 대상은 아닐 수 있으나, 그러한 경우라
  고 하더라도 상속재산 분할에서는 해당 공동상속인의 특별수익으로는 인
  정될 수 있다.

• 공동상속인의 배우자, 직계비속에게 대한 사전증여는 경우에 따라 유류분
  반환 문제없이 사실상 상속인에게 상속재산을 더 물려주는 결과를 가져올
  수 있다. 그러나 어느 경우가 이에 해당하는지는 구체적인 사안의 내용을
  따져봐야 한다.

06

자녀가 상속재산을 제대로
관리할 수 있을까 걱정된다면?

유언대용신탁을 활용해보자

김갑동은 70세이며 아내 김갑녀와의 사이에 아들 김을수가 있다. 아내 김갑녀는 현재 치매다. 아들 김을수는 사업을 빌미로 김갑동으로부터 십 수 억 원 상당을 가져가서 다 날렸다. 그래도 김을수는 정신을 차리지 못하고 김갑동만 보면 돈을 달라고 조르고 있어 곤란하다.

김갑동은 고령인데다가 아내의 치매 간병으로 고생하면서 점점 기력이 쇠하고 있어 재산을 누군가 관리해주었으면 한다. 김갑동은 아들 김을수에게 재산관리를 맡길까도 생각했으나, 김을수를 도저히 신뢰할 수 없다. 김갑동은 자신이 치매에 걸리게 되면 아들 김을수가 이를 기회로 김갑동의 재산을 전부 처분한 후 김갑동 부부를 돌보지 않을까봐 걱정이다. 또한 김갑동은 자신이 사망한 후 김을수가 사업을 하느라 상속재산을 전부 날릴 것이 틀림없다는 생각이 들어 너무나 불안하다. 김갑동은 생전에 믿을 만한 누군가가 자신의 재산을 관리해주고, 자신이 사망한 후에도 김을수의 간섭 없이 상속재산을 보존, 유지하여 아내와 김을수의 생계에 지장이 없도록 하고 싶다. 김갑동의 재산으로는 현재 거주하고 있는 아파트 1채, 상가 1채가 있다.

Q1 김갑동이 취할 수 있는 방법은 무엇인가요?

김갑동(위탁자)은 수탁자(신탁회사, 금융기관 등)와 유언대용신탁계약을 체결하여 수탁자에게 재산을 맡기고, 위 계약에 정한 바에 따라 수익자에게 재산에서 발생하는 수익(신탁수익)을 지급하고 재산을 관리, 처분하는 방법을 생각해볼 수 있다. 여기서 신탁이란 위탁자가 재산을 수탁자에게 이전하고 수탁자에게 수익자를 위하여 신탁재산의 관리, 처분을 맡기는 제도다. 유언대용신탁은 신탁 중에서도 위탁자가 자신이 사망한 때에 수익자에게 수익권을 귀속시키거나 위탁자가 사망한 때부터 수익자가 신탁이익을 취득할 수 있는 수익권을 부여하는 형태의 신탁을 의미한다. 유언대용신탁을 체결하면, 위탁자는 복잡한 유언절차를 거치지 않고도 자신의 의사표시로 생전뿐만 아니라 사망 후 상속재산의 관리와 분배, 수익자 등을 자유롭게 정할 수 있다.

Q2 유언과 유언대용신탁을 비교할 때 유언대용신탁에는 어떤 장점이 있나요?

유언대용신탁은 방식이 간편하며 본인과 가족의 상황에 맞는 재산관리와 승계가 가능하다는 장점이 있다. 유언은 상속재산 분할 방법을 정할 수 있으나 그 후 상속인의 상속재산 관리, 처분까지는 관여하기 어렵다. 유언으로 생전의 자산관리를 정할 수도 없다. 그러나 피상속인이 유언대용신탁계약을 체결하게 되면 생전 및 사후에 상속재산을 어떻게 관리할지를 미리 세세하게 정해둘 수 있다. 물론 이때 신탁수수료가 발생하기는 한다. 그러나 치매나 장애가 있는 상속인, 재산을 낭비할 우려가 큰 상속인이 있고 피상속인도 고령이라서 재산을 관리하기 힘든 상황이라면, 상속재산을 아예 지키지 못하게 될 우려가 더 크다. 따라서 이런 경우에는 신탁수수료를 지급하고서라도 유언대용신탁을 통해 재산 관리, 처분 방법을 미리 정해둘 필요가 있다.

또한 방식면에서 유언은 민법이 정한 엄격한 방식을 준수해야 하고 새로운 유언을 할 때도 엄격한 방식을 취해야 한다. 그러나 유언대용신탁은 위탁자와 수탁자 간에 신탁계약을 체결하는 것이므로 계약을 체결할 진정한 의사와 능력만 있으면 된다. 계약을 변경할 때도 변경계약서만 작성하면 되므로 훨씬 더 간편하다.

Q3 유언대용신탁계약을 체결하는 경우 김갑동 생전에는 어떻게 재산을 관리하게 되나요?

유언대용신탁계약으로 자유롭게 정할 수 있다. 사례에서 김갑동은 수탁자와 유언대용신탁계약을 체결하여 수탁자에게 아파트와 상가를 이전한 후 수탁자가 이를 관리하게 할 수 있다. 아파트와 상가에서 발생하는 수익(신탁수익, 주로 월세가 이에 해당할 것이다)을 취득할 수익자도 계약으로 정해둘 수 있다. 김갑동이 살아 있을 때는 김갑동을 수익자로 지정해두면 생전에 신탁수익은 김갑동이 취득하게 된다. 그러면 수탁자가 이를 관리해주므로 고령인 김갑동은 재산관리의 부담에서 벗어나게 된다. 김갑동이 병이나 치매에 걸리더라도 계약에서 정해진 대로 재산이 관리되므로 아들 김을수가 재산을 임의로 처분하는 것도 막을 수 있다. 김갑동이 생전에는 재산을 직접 관리하고 싶다면 수탁자에게는 명의만 이전해두고 관리는 김갑동 본인이 하는 것도 가능하다. 신탁계약 해지 사유도 김갑동이 미리 정하면 되므로, 자신이 원하는 때 신탁계약을 해지하고 재산을 반환받는 것도 가능하다.

Q4 유언대용신탁을 하는 경우 김갑동 사후에는 어떻게 재산을 관리하게 되나요?

유언대용신탁계약으로 자유롭게 정할 수 있다. 김갑동은 사후에 누가 수익자가 될지와 상속재산을 어떻게 관리할지 정할 수 있다. 김갑동이 사망했는 데도 아내가 살아 있다면 아내를 수익자로 하여 아파트에 거주하게 하고 상가월세를 받도록 할 수 있다. 아내가 사망한 후에는 아들인 김을수를 그다음 수익자로 할 수도 있다. 김을수의 재산 낭비가 우려된다면 김을수는 김을수 생전에 신탁수익만 받게 하고 김을수 사후에 그 법정상속인(손자)에게 신탁재산을 이전하게 하는 것도 가능하다.

Q5 사례의 경우 김갑동이 유언대용신탁을 체결한다면 어떤 내용으로 계약을 체결하는 것이 좋을까요?

	김갑동 생전	김갑동 사망 후
아파트	1. 수탁자에게 신탁을 원인으로 소유권이전등기 경료 2. 수탁자가 부동산 관리(또는 선택에 따라 부동산 관리는 김갑동 또는 김갑동이 지정한 제3자가 할 수 있도록 규정)	1. 1순위 수익자는 아내 김갑녀, 2순위 수익자는 아들 김을수 2. 김갑녀나 김을수 중 먼저 사망한 사람이 있으면 남은 사람이 단독 수익자 3. 김갑녀, 김을수가 모두 사망한 경우 3순위 수익자로 김을수의 법정상속인을 지정하고, 해당 법정상속인이 일정연령(만 35세)에 도달하면 신탁재산을 그들의 법정상속분 대로 이전하고 신탁계약을 종료
상가	1. 수탁자에게 신탁을 원인으로 소유권이전등기 경료 2. 수탁자가 임대차 관련 업무를 수행 3. 생전 수익자는 김갑동으로 지정한 후 부동산에서 나오는 수익(월세)은 김갑동에게 지급	1. 제1순위 수익자는 아내 김갑녀, 아들 김을수로 지정하되, 신탁수익은 김갑녀가 60%, 김을수가 40%의 비율로 수령 2. 김갑녀나 김을수 중 먼저 사망한 사람이 있으면 남은 사람을 단독 수익자로 지정 3. 김갑녀, 김을수가 모두 사망한 경우 2순위 수익자로 김을수의 법정상속인을 지정하고, 해당 법정상속인이 일정연령(만 35세)에 도달하면 신탁재산을 그들의 법정상속분 대로 이전하고 신탁계약을 종료

위에서 정한 신탁계약 내용은 예시다. 실제 가족 상황이나 위탁자의 의사, 재산의 성격 등에 따라 그 내용은 다양하게 달라질 수 있다.

능력 없는 상속인 보호하는 유언대용신탁

김갑동은 70세이며 아내 김갑녀와의 사이에 아들 김을수가 있다. 아들 김을수는 며느리 이을녀와 결혼하여 손녀 김병순을 낳았다. 그런데 김을수는 손녀 김병순이 태어난 직후 교통사고로 사망하고 말았다. 며느리 이을녀는 김을수가 사망한 지 2년 뒤 이을남과 재혼했는데, 재혼한 이을남과의 사이에서 또 다른 자녀가 태어나자 손녀 김병순에 대한 관심과 애정이 예전만 못한 것 같다.

김갑동은 상가 5채, 아파트 10채, 현금 30억 원 등을 보유한 상당한 자산가로서 유일한 혈육인 손녀 김병순에게 재산을 전부 물려주고 싶다. 그러나 자신이 손녀가 미성년자일 때 사망하게 되면, 손녀의 친권자인 며느리 이을녀가 재산을 관리하게 될 텐데 손녀가 아니라 재혼가정을 위해 그 재산을 전부 낭비할까봐 걱정이다. 김갑동은 손녀가 직장을 구할 때까지는 며느리 이을녀나 새아버지 이을남이 재산에 손을 대지 못하게 하고 싶다.

Q 김갑동은 어떻게 하는 것이 좋을까요?

김갑동은 유언대용신탁을 통해 손녀에게 안전하게 재산을 물려줄 수 있다. 김갑동은 손녀에게 물려주고 싶은 재산을 신탁한 후 자신의 생전에는 김갑동이 지시하는 대로 재산을 운용하게 하다가, 김갑동이 사망한 후에는 손녀가 일정 연령(예를 들어 만 30세 정도)이 될 때까지는 재산의 운용수익(신탁수익)만 지급하게 하고, 해당 연령이 되면 손녀에게 해당 재산의 소유권을 전부 이전시키고 신탁을 종료시킬 수 있다(연령에 따라 순차적으로 재산을 이전하게 하는 것도 가능하다). 그렇게 되면 손녀가 재산관리 능력이 없을 때 재산을 물려받아 이를 친권자인 며느리가 함부로 처분하는 것을 막을 수 있다.

유언이나 사전증여로 재산을 손녀에게 물려주게 되면, 친권자인 며느리 이을녀가 손녀의 재산 관리를 하게 된다. 이 경우 친권자가 재산을 잘 관리해줄 수도 있겠지만, 재혼한 남편의 요구로 해당 재산을 처분하여 손녀가 아니라 재혼 남편이나 재혼에서 태어난 자녀를 위해 사용하게 될 가능성이 매우 높다. 그러나 손녀가 성년이 된 이후 재산관리능력이 있을 것으로 보이는 나이까지는 수탁자가 이를 관리하게 하다가 나중에 신탁재산을 이전하게 해두면 손녀에게 안전하게 재산을 물려줄 수 있는 것이다.

유언대용신탁으로 상속설계

- 유언대용신탁은 위탁자가 사망한 때에 수익자에게 수익권을 귀속시키거나 위탁자가 사망한 때부터 수익자가 신탁이익을 취득할 수 있는 수익권을 부여하는 형태의 특수한 신탁이다.

- 위탁자는 ① 생전 재산관리, ② 사후 재산관리, 분배, 처분을 유언대용신탁 계약으로 미리 자유롭게 정할 수 있다.

- 유언대용신탁으로 유언과 달리 간편한 방식으로 자유롭게 적극적인 상속 설계가 가능하다.

- 상속인들이 상속재산을 분배받은 후 이를 제대로 관리할 능력이 없어 보인다면 유언대용신탁계약 체결을 고려해보자. 유언대용신탁을 통해 피상속인이 원하는 때에 원하는 방법으로 상속재산을 관리, 분배할 수 있다. 다만, 유언대용신탁으로 설계하는 상속은 가족 상황에 따라 천차만별이다. 따라서 신탁계약 내용을 어떻게 정할지와 관련세금문제를 어떻게 해결할 것인지 사전에 전문가와 충분한 상의를 할 필요가 있다.

07
모든 재산을 주는데 부모 노후를
책임지지 않을까 걱정된다면?

자녀에게 증여한 재산을 반환받는 방법

김갑동은 70세이며 아내 김갑녀와의 사이에 아들 김을수가 있다. 김갑동에게는 현재 거주하고 있는 아파트 1채와 매달 월세 500만 원이 나오는 상가 1채가 있다. 아들 김을수는 김갑동에게 아파트와 상가를 미리 전부 증여해달라고 하면서 그 대신 자신이 부모님의 노후를 책임지겠다고 장담했다.

김갑동은 이를 믿고 아파트와 상가를 아들 김을수에게 증여했다. 아들 김을수는 처음에는 김갑동과 김갑녀에게 매달 생활비조로 400만 원을 보내주었다. 그런데 아들 김을수는 그동안 다니던 직장을 그만둔 후 증여받은 상가를 믿고 더 이상 직장을 구하려는 노력도 하지 않았다. 급기야는 본인의 생활도 어렵다면서 김갑동에게 보내던 생활비도 절반인 200만 원으로 줄였는데, 그마저도 주면서 눈치를 주고 있다.

뿐만 아니라 김을수는 김갑동이 현재 살고 있는 아파트를 매각해서 김갑동 부부를 더 작은 아파트로 옮기게 하고, 남은 돈으로 사업을 하겠다고 한다. 생활비 200만 원은 계속 주겠다고 하지만 김갑동은 김을수를 믿을 수가 없다. 김갑동은 김을수의 이런 행동에 실망하여 자신의 재산을 다시 돌려달라고 요청했지만, 김을수는 사시면 얼마나 더 사신다고 재산을 다시 돌려달라고 하냐면서 거절했다.
김갑동은 아들 김을수에게 미리 재산을 증여하는 바람에 괜히 아들에게 헛바람을 넣고, 자신의 노후도 보장받지 못하게 된 것 같아 너무 후회스럽다.

Q 김갑동처럼 자녀에게 재산을 증여했더라도 자녀의 행동이 마음에 들지 않아서 재산을 반환받고 싶다면 어떻게 해야 하나요?

부담부 증여계약을 체결하거나 증여계약 체결 시부터 미리 약정 해제사유를 기재해두면 된다. 일반적으로 증여는 그 이행이 완료되면 해제할 수 없다. 그러나 부담부 증여의 경우 부담의무 있는 상대방이 자신의 의무를 이행하지 않을 때에는 비록 증여계약이 이행되었더라도 증여자는 부담의무 불이행을 이유로 증여계약을 해제할 수 있다.

따라서 김갑동이 증여계약서를 작성하면서 "김을수는 김갑동에게 증여계약 체결 시부터 김갑동 사망 시까지 매달 생활비로 400만 원을 지급한다. 이를 위반한 경우 김갑동은 증여계약을 해제할 수 있다."는 내용을 미리 넣어두는 것이 좋다. 나중에 김을수가 생활비를 지급하지 않으면, 김갑동은 증여계약을 해제하고 증여재산을 반환하라는 원상회복 청구를 할 수 있다.

다만, 자녀가 재산을 증여받은 후 해당 재산을 매각하면 증여계약을 해제하더라도 증여재산 자체를 돌려받을 수는 없게 된다. 이를 방지하고 싶다면 부담부 증여계약에 따라 발생하는 부양료(생활비) 지급청구권을 피담보채권으로 하여 일정 금액을 채권 최고액으로 하여 근저당권을 설정해두는 방법을 고려해볼 수 있다.

Tip ▶ **자녀에게 재산을 증여한 후에도 이를 돌려받고 싶다면?**

• 증여계약서에 미리 자녀가 부담해야 할 의무나 약정해제사유를 명시한다.
• 자녀가 증여 재산을 매각할 것이 우려된다면 해당 재산에 미리 근저당권 설정을 해두는 것을 고려해 볼 수 있다.

세금은 아끼고 분쟁은 예방하는 상속의 기술

PART
2

상속세 계산 구조
제대로 알면
절세의 방법이 보인다

[상속세 계산 구조]

상속재산 ➡
- 본래의 상속재산: 사망 또는 유증·사인증여로 취득한 재산
- 간주상속재산: 사망보험금과 퇴직금 및 신탁재산 등

+ 사전증여재산 ➡ 상속인에게 사망전 10년(비상속인: 5년) 전에 증여한 재산

+ 추정상속재산 ➡ 사망전 1년(2년) 이내 2억(5억) 이상 처분한 재산 또는 부담한 채무로써 용도가 불분명한 금액

− 공과금/채무/ 장례비용

상속세 과세가액

− 상속공제액 ➡
- '일괄공제(5억 원)'와 '기초공제(2억 원) + 기타 인적공제' 중 큰 금액
- 배우자상속공제, 금융재산상속공제, 가업상속공제, 동거주택 상속공제, 재해손실공제

상속세 과세표준

× 세율 ➡

과세표준	세율	누진공제액
1억 원 이하	10%	0
1억 원 초과~5억 원 이하	20%	1,000만 원
5억 원 초과~10억 원 이하	30%	6,000만 원
10억 원 초 30억 원 이하	40%	1억 6,000만 원
30억 원 초과	50%	4억 6,000만 원

상속세 산출세액

− 세액공제

자진 납부 상속세액

01

상속세 계산 구조를 모르면
더 낼 수 있다

상속세 계산이 차이 나는 이유

> 얼마 전에 시아버지께서 돌아가셨습니다. 시아버지께서 남기신 재산
> 은 아파트 6억 원과 상가 10억 원 그리고 예금과 주식 등이 10억 원입
> 니다. 주변에 상속세를 문의해보니 상속세 금액이 몇 천만 원씩 차이가
> 납니다.

Q1 상속세는 어떻게 계산하나요?

세법상 상속세 계산 구조는 깊숙하게 들어가면 복잡하지만 '상속재산'
과 '공과금·장례비용·채무' 및 '상속공제' 이 세 가지만 잘 계산하면
쉽다. 다음 표에서 보듯이 유형 ①처럼 상속재산만 있는 경우에는 26억
원에 대해서 세율(10~50%)을 적용하여 상속세를 계산한다. 납부할 상속
세액이 8억 3,600만 원이다.

	유형 ①	유형 ②	유형 ③
상속재산	26억 원	26억 원	26억 원
공과금·채무·장례비	0	5억 원	5억 원
상속공제액	0	0	11억 원
납부할 상속세액	8억 3,600만 원	6억 4,600만 원	2억 2,800만 원

만약, 유형 ②처럼 공과금과 채무 및 장례비로 5억 원이 있다면 상속재산에서 5억 원을 차감하고 남은 금액 21억 원에 대해서 세율을 적용하여 상속세를 계산하면 되는데, 납부할 상속세는 6억 4,600만 원으로 유형 ①의 상속세액 8억 3,600만 원보다 적다.

유형 ③처럼 공과금과 장례비 및 채무 5억 원 이외에 상속공제액이 11억 원이라면 상속세는 더욱 줄어든다. 상속재산 26억 원에서 공과금과 장례비 및 채무 5억 원과 상속공제액이 11억 원을 차감하고 남은 금액 10억 원에 대해서 세율을 적용하여 납부할 상속세를 계산하면 2억 2,800만 원이 산출된다.

Q2 상속세 계산 구조는 동일한데 계산하는 사람마다 상속세가 차이 나는 이유는 무엇인가요?

상속세 계산의 핵심 요소인 '상속재산', '공과금·장례비용·채무', '상속공제'를 어떻게 적용하는가에 따라 상속세 차이가 발생한다.

아파트나 상가 등의 부동산과 주식/펀드/채권 같은 금융재산의 경우 가격 산정은 사람마다 다를 수 있다. 사례에서 시아버지의 재산은 26억 원일까? 어떤 사람은 20억 원, 또 다른 이는 30억 원 등 보는 사람마다 재산의 평가가 다를 것이다. 만약 상속재산을 20억 원으로 본다면 유형 ③의 납부할 상속세는 6,650만 원으로 줄어든다. 상속재산을 30억 원으로 보면 납부할 상속세는 3억 8,000만 원으로 증가한다.

채무와 장례비용 등과 상속공제액은 무조건 동일한 금액을 적용받을 수 있는 게 아니다. 세법에서 인정하는 범위 내에서만 적용받을 수 있는데, 세법의 테두리 내에서 자신의 상황과 부합하는 최대한의 금액을 적용하는가는 사람마다 차이가 발생한다.

즉, 상속재산을 얼마로 평가하고 공과금과 장례비용 및 채무를 얼마까지 채워 넣으며, 상속공제를 얼마까지 받을 수 있는가에 따라 납부할 상속세는 달라진다.

> **Tip** 상속세 최선의 절세는?
> • 상속세를 최대한 절세하는 것이 최선의 결과가 아님에 주의하라.
> • 상속세와 더불어 상속인이 재산을 상속받은 후 내야 하는 세금(양도세 등)도 함께 절세할 수 있는 방법을 찾는 것이 최상의 세테크다.

사례에서 상가의 경우 감정평가한 시세 10억 원으로 신고할 수도 있지만 기준시가 5억 원으로 하여 신고할 수도 있다. 상속세 절세만을 생각하면 당연히 시세 10억 원보다는 기준시가 5억 원으로 상속세 신고를 해야 한다. 기준시가 5억 원으로 신고하면 상속재산은 21억 원으로 유형 ③의 납부할 상속세는 8,550만 원인 반면 시세 10억 원으로 신고하면 상속재산은 26억 원으로 납부할 상속세는 2억 2,800만 원이기 때문이다.

	기준시가 5억 원	시세 10억 원
상속세	8,550만 원	2억 2,800만 원
10억 원에 매도 시 양도세	2년 이내: 2억 4,875만 원 2년 이후: 1억 9,096만 원	0원
총 세금	최저: 2억 7,646만 원 최고: 3억 3,425만 원	2억 2,800만 원

상속 받은 후 상가를 10억 원에 매도할 때 양도세는 어떻게 될까? 양도세 계산 시 신고한 상속세 신고가격은 취득가격이 된다. 기준시가 5억 원으로 상속세 신고를 하면 상가의 취득가격은 5억 원이고 매도가격 10억 원과의 차액 5억 원은 양도차익이 되어 양도세를 계산해야 한다. 상속일로부터 2년 이내 양도하면 양도세는 2억 4,875만 원, 상속일로부터 2년 후 매도하더라도 양도세는 1억 9,096만 원이다.

상가의 상속세 신고 시 기준시가가 아닌 시세 10억 원으로 하여 신고하면 상속세는 2억 2,800만 원이지만 언제 매도하건 10억 원에 매도하면 양도세는 0원이다. 시세 10억 원으로 상속세 신고를 하면 상속세는 기준시가 5억 원으로 신고할 때보다는 많지만 양도세가 없어서 오히려 전체 세금은 적다. 따라서 상속세 절세액을 크게 하는 것보다는 상속 이후의 활용도 함께 고려하여 최상의 절세방법을 찾아야 한다.

02
상속재산에는 어떤 것들이 있는가

상속재산을 확인하라

사망한 남편이 남긴 재산은 아래와 같습니다.

① 남편 명의의 아파트와 상가 및 예 · 적금/주식/채권/영업권: 15억 원

② 남편이 타인 명의로 한 예금과 주식 및 부동산: 10억 원

③ 남편이 신탁한 재산: 3,000만 원

④ 남편에게 지급되는 퇴직금: 2억 원

⑤ 남편이 차남(상속인)에게 사망 6년 전에 증여한 부동산과 현금: 1억 원

⑥ 남편이 장남(상속인)에게 사망 11년 전에 증여한 주식과 채권: 2억 원

⑦ 남편이 동생에게 사망 2년 전에 증여한 현금: 5,000만 원

⑧ 남편 사망으로 수령하는 보험금: 1억 원

⑨ 남편이 사망 1년 6개월 전 처분한 부동산: 6억 원

⑩ 남편이 사망 1년 이내 부담한 채무: 4억 원

Q1 사례에서 상속세를 내야 하는 재산은 어떤 것들인가요?

남편(피상속인=사망한 사람)이 실질적으로 소유하는 경제적 가치가 있는 재

산은 모두 상속재산으로 보아 상속세 계산 대상이 된다. 아파트/상가 등의 부동산과 입주권/분양권 등의 권리와 예·적금/주식/채권 등의 금융재산뿐만 아니라 경제적 가치가 있는 영업권도 상속재산에 포함된다.

Q2 타인 명의로 한 예금과 주식 및 부동산 10억 원은 상속재산에 포함되나요?

사례의 ①처럼 남편(피상속인) 명의로 된 재산 15억 원은 당연히 상속재산에 포함되며, ②와 같이 차명예금 등 타인 명의로 된 재산 10억 원도 남편이 실질 소유자라면 상속재산에 포함된다.

Q3 피상속인이 신탁한 재산과 퇴직금, 퇴직수당 및 연금도 상속재산에 포함되나요?

사례의 ③처럼 남편이 신탁한 재산 3,000만 원도 상속재산에 포함되지만 타인이 신탁의 이익을 받을 권리를 소유하고 있는 경우 그 이익은 상속재산으로 보지 않는다. 또한 남편에게 지급될 퇴직금이나 퇴직수당 및 연금 등도 상속재산에 포함하여 상속세를 계산해야 한다. 다만, 국민연금법이나 공무원연금법 등에 따라 지급받은 유족연금이나 유족보상금등은 상속재산에 포함하지 않는다.

Q4 사망 전에 증여한 재산은 상속재산에 포함되나요?

사례 ⑤와 ⑥ 및 ⑦의 경우 남편이 사망 전에 증여한 재산도 증여시기와 증여받은 자에 따라 상속재산에 포함될 수 있다.

상속인(사례에서 차남과 장남)에게 사망일 전 10년 이내 증여한 재산과 상속인이 아닌 자(동생)에게 사망일 전 5년 이내 증여한 재산은 상속재산에 포함한다. 따라서 사례 ⑥의 장남에게 증여한 2억 원은 사망일 10년 전에 증여하였으므로 상속재산에 포함되지 않는다. 사례 ⑤의 차남에게 증여한 1억 원은 사망일 전 10년 이내의 증여이므로 상속재산에 포함하여 상속세를 계산해야 한다.

사례 ⑦의 경우 동생은 상속인이 아니다. 상속인 이외의 자에게 사망일 전 5년 이내에 증여한 재산에 해당하므로 동생에게 증여한 5,000만 원은 상속재산에 포함하여 상속세를 계산해야 한다.

Q5 피상속인의 사망으로 수령하는 보험금도 피상속인이 보험료를 불입하였다면 상속재산에 포함하나요?

남편의 사망으로 수령하는 보험금 1억 원은 보험료를 실질적으로 불입한 자가 누구인가에 따라 상속재산 해당 여부를 판단한다. 보험료를 남편이 불입하고 남편의 사망으로 수령하는 사망보험금은 상속재산에 포함된다. 그러나 남편 이외의 자(아내나 아들 등)가 보험료를 불입하고 남편의 사망으로 수령하는 사망보험금은 상속재산에 해당하지 않는다.

Q6 사망일 전 1년 또는 2년 이내 재산을 처분하거나 재산에서 인출하면 상속재산에 포함되나요?

사례 ⑨처럼 사망일 전에 재산을 처분하거나 재산을 인출하면 그 처분한 금액과 인출한 금액의 상속재산 포함여부는 어떻게 될까? 처분시기와 금액에 따라 상속재산에 포함될 수 있다.

남편이 재산을 처분하여 받은 금액이나 재산에서 인출한 금액이 사망일 전 1년 이내에 2억 원 이상이거나 사망일 전 2년 이내 5억 원 이상인 경우로서 그 용도가 객관적으로 명백하지 않으면 상속재산에 포함한다. 이때 처분시기에 따른 금액의 판단은 모든 재산에 대해서 일괄적으로 판단하는 게 아니라 재산 종류별로 구분하여 판단하며, 상속재산에 포함되는 재산은 사용처가 입증되지 않는 금액에 대해서 일정한 산식에 따라 계산한다.

사례 ⑨의 부동산 처분금액 6억 원은 사망일 전 2년 이내로 5억 원 이
상이므로 상속재산에 포함된다. 이때 6억 원 전부가 상속재산에 포함되
는 것이 아니고 6억 원 중 사용처가 불분명한 금액에 대해서 계산한다.
 만약, 6억 원 중 3억 원은 대출금 상환이고 나머지 3억 원은 그 사용처
가 불분명하다면 사용처가 불분명한 금액(3억 원)에서 '처분금액(6억 원)
의 20%'와 '2억 원' 중 적은 금액(1억 2,000만 원)을 차감하고 남은 금액
1억 8,000만 원을 상속재산에 포함한다.

> [상속재산에 포함되는 금액]
> = 사용처 불분명한 금액(3억 원) − 적은 금액[처분금액(6억 원) × 20%, 2억 원]
> = 3억 원 − 1억 2,000만 원
> = 1억 8,000만 원

Q7 사망일 전 1년 또는 2년 이내 채무를 부담하면 상속재산에 포함되나요?
사례 ⑩처럼 사망일 전에 대출을 받았다면 그 대출금은 어떻게 될까?
대출시기와 금액에 따라 상속재산에 포함될 수 있다.

남편이 대출 등 채무를 부담한 금액이 사망일 전 1년 이내에 2억 원 이상이거나 사망일 전 2년 이내 5억 원 이상인 경우로서 그 용도가 객관적으로 명백하지 않으면 상속재산에 포함한다. 이때 상속재산에 포함되는 재산은 사용처가 입증되지 않는 금액에 대해서 일정한 산식에 따라 계산한다.

사례 ⑩의 대출금 4억 원은 사망일 전 1년 이내로 2억 원 이상이므로 상속재산에 포함된다. 이때 4억 원 전부가 상속재산에 포함되는 것이 아니고 4억 원 중 사용처가 불분명한 금액에 대해서 계산한다.

만약 4억 원 중 3억 원은 다른 대출금 상환이고 나머지 1억 원은 그 사용처가 불분명하다면 사용처가 불분명한 금액(1억 원)에서 '채무금액(4억 원)의 20%'와 '2억 원' 중 적은 금액(8,000만 원)을 차감하고 남은 금액 2,000만 원을 상속재산에 포함한다.

[상속재산에 포함되는 금액]

= 사용처 불분명한 금액(1억 원) - 적은 금액[채무금액(4억 원) × 20%, 2억 원]

= 1억 원 - 8,000만 원

= 2,000만 원

Q8 ① 교통사고 등으로 받는 보상금은 포함되나요?(남편이 항공기 사고로 사망하여 그 유족인 상속인이 수령하는 위자료 성격의 보상금도 상속재산에 포함되나요?)

② 업무상 사망으로 인하여 받는 유족보상금 등은 포함되나요?

자동차 또는 항공기 사고 등으로 사망하여 그 유족인 상속인이 받는 위자료 성격의 보상금에 대하여는 상속재산에 포함하지 않는다. 따라서 상속세가 과세되지 않는다. 근로자의 업무상 사망으로 인하여 근로기준법 등을 준용하여 사업자가 근로자의 유족에게 지급하는 유족보상금 또는 재해보상금 등은 상속재산으로 보지 않는다.

Tip 사망한 남편의 재산이 무엇인지 알 수 없는데 일괄조회하는 방법은?

- 상속인이라면 사망한 남편의 재산을 일괄조회할 수 있다. 신청은 인터넷으로 하거나 주민센터에 가서 하면 된다. 결과는 신청 시 선택한 방법(문자 / 우편 / 방문 수령)으로 받아 볼 수 있는데, 재산별로 7~20일 이내에 확인가능하다. 온라인으로 신청할 때는 공인인증서가 있어야 하며, 아래와 같이 신청하면 금융내역과 토지, 자동차, 세금(체납액 / 미납액 / 환급액), 연금 등 상속재산을 한꺼번에 조회할 수 있다.

※ 정부24(www.gov.kr) 접속 → 공인인증서 본인 인증 → '사망자 재산조회 또는 안심상속' 검색 → '신청' 버튼 클릭 → 신청서 작성 → 가족관계증명서교부 신청 및 수수료 결제 → 접수처(주민센터)에서 확인접수 → 접수증 출력

※ 기타 자세한 내용은 '더 알아보기: 안심상속 원스톱서비스'(116쪽)를 참조

안심상속 원스톱서비스
(사망자 등 재산조회 통합처리)

 통합조회 신청이 가능한 재산은 어떠한 것들이 있나요?

사망자(피후견인)의 금융내역, 토지, 자동차, 국민연금·공무원연금·사립학교교직

원연금·군인연금 가입유무, 국세 체납세액·납기미도래 고지세액·환급세액, 지방

세 체납·결손·납기미도래 고지세액·환급세액입니다.

 금융재산 조회의 범위는 어떻게 되나요?

접수일 기준 사망자(피후견인) 명의의 금융* 채권과 채무입니다. 예금은 잔액(원

금), 보험은 가입여부, 투자상품은 예탁금 잔고유무, 상조회사 가입유무를 알려드

립니다.

(*조회대상 기관: 은행, 농협, 수협, 신협, 산림조합, 새마을금고, 상호저축은행, 보

험회사, 증권회사, 자산운용사, 선물회사, 카드사, 리스사, 할부금융회사, 캐피탈,

은행연합회, 예금보험공사, 예탁결제원, 신용보증기금, 기술신용보증기금, 주택금

융공사, 한국장학재단, 미소금융중앙재단, 한국자산관리공사, 우정사업본부, 종합

금융회사, 대부업 신용정보 컨소시엄 가입 대부업체)

 신청할 수 있는 사람은 누구인가요?

신청자격이 있는 사람은 상속인·성년후견인·권한 있는 한정후견인과 상속인·성년후견인·권한 있는 한정후견인의 대리인입니다. 상속인은 민법상 제1순위 상속인인 사망자의 직계비속과 사망자의 배우자이며, 1순위가 없을 경우 제2순위 상속인인 사망자의 직계존속과 사망자의 배우자가 신청 가능합니다. 또한 제1·2순위 상속인이 없을 경우에 한하여 제3순위 상속인(형제자매)이 신청(민법 제1000조)할 수 있습니다. 또한 대습상속의 경우(민법 제1001조)와 실종선고자의 상속인의 경우도 신청 가능합니다.

 어디에서 신청하나요?

지역에 관계없이 가까운 시청이나 구청, 읍·면·동의 가족관계등록 담당 공무원 또는 정부24(www.gov.kr)에서 신청하면 됩니다.

※ (사망신고와 함께 신청 시) 전국 시·구, 읍·면·(사망자의 주민등록지)동

※ (사망신고 후 별도 신청 시) 전국 시·구, 읍·면·동 또는 정부24(www.gov.kr)

 사망자 재산조회 통합신청은 사망신고를 할 때에만 신청 가능한가요?

아니오, 사망신고 이후에도 따로 신청 가능합니다. 다만 사후신청기간은 사망일이 속한 달의 말일부터 6월 이내입니다.

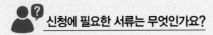 **신청에 필요한 서류는 무엇인가요?**

구비서류는 다음과 같습니다.

① 사망자 재산조회 신청 시: 신청인의 신분증, 가족관계증명서 등 상속관계 증빙

　　서류(사망신고 후 별도 신청 시)

② 피후견인 재산조회 신청 시: 신청인 신분증, 후견등기사항전부증명서 또는 성

　　년(한정)후견개시 심판문 및 확정증명원

③ 대리인이 신청 시

　　– (사망자 재산조회) 대리인의 신분증, 상속인의 위임장, 상속인의 본인서명사

　　　실확인서(또는 인감증명서), 가족관계증명서 등 상속관계 증빙서류

　　– (피후견인 재산조회) 대리인의 신분증, 상속인의 위임장, 상속인의 본인서명

　　　사실확인서(또는 인감증명서), 후견등기사항전부증명서 또는 성년(한정)후견

　　　개시 심판문 및 확정증명원

결과를 언제 알 수 있나요?

자동차는 접수 시(온라인 신청 시에는 7일 이내), 토지세·지방세는 7일 이내, 금융

내역·국세·(국민·공무원·사학)연금 조회는 20일 이내에 신청 시 선택한 방법(문

자·우편·방문수령)으로 결과를 받아볼 수 있습니다.

어떻게 알 수 있나요?

신청서에 기입한 '조회결과 확인방법'에 따라 안내될 예정입니다. 토지·지방세 정

보는 문자·우편·방문 중에서 선택 가능하며, 자동차는 문서(다만, 신청인이 원할 경우 구술로도 가능), 공무원연금·사학연금·군인연금은 문자, 금융내역(금융감독원, www.fss.or.kr), 국민연금(국민연금공단, www.nps.or.kr) 정보는 각 기관의 홈페이지에서, 국세(국세청)는 홈택스(www.hometax.go.kr)에서 확인가능 합니다.

03
공과금 · 채무 · 장례비
공제 받는 방법

공제받을 수 있는 공과금과 채무, 장례비에 해당하는지 확인하라

> 어머님께서 7월 1일 돌아가셨습니다. 어머님의 재산은 총 20억 원인데, 어머님 앞으로 공과금 3,000만 원과 채무 3억 원이 있고, 장례비가 2,000만 원 발생했습니다.

Q1 공과금과 채무 및 장례비 총 3억 5,000만 원을 모두 상속재산에서 차감할 수 있나요?

공과금과 채무 및 장례비용이라고 해서 모두 상속재산에서 차감할 수 있는 것은 아니다. 공과금과 채무는 피상속인(어머님)이 부담의무가 있다면 상속재산에서 차감할 수 있지만 그렇지 않다면 차감할 수 없다. 장례비는 세법상 정한 요건에 따라 일정한도 내에서 차감할 수 있다.

Q2 사례에서 어머님 명의로 있는 공과금 3,000만 원의 내역이 아래와 같을 때 상속재산에서 차감하는 공과금은 얼마인가요?

> - 사망일까지의 부가가치세와 종합소득세(지방소득세 포함): 2,000만 원
> - 사망일까지 미납한 도시가스요금/전화요금/전기요금: 100만 원
> - 9월 30일과 12월 15일까지 납부해야 하는 재산세와 종합부동산세: 800만 원
> - 사망일 이후부터의 납부불성실가산세: 100만 원

세금과 공공요금 등의 공과금은 사망일 현재 피상속인이나 상속재산에 관련된 것으로 피상속인이 납부할 의무가 있는 것에 한하여 상속재산에서 차감할 수 있다. 사망일까지의 부가가치세와 종합소득세 2,000만 원과 사망일까지 미납한 도시가스요금/전화요금/전기요금 100만 원은 피상속인이 납부해야 하는 것으로 상속재산에서 차감한다. 재산세와 종합부동산세의 경우 납부기한이 9월 30일, 12월 15일까지지만 매년 6월 1일 부동산 소유자가 내야 하는 세금으로 피상속인이 6월 1일에 생존하였으므로 피상속인이 부담해야 한다. 따라서 재산세와 종합부동산세 800만 원은 상속재산에서 차감한다.

특히 사망일 이후 상속인이 책임져야 할 가산세나 가산금, 벌금, 과태료 등은 상속재산에서 차감할 수 없다. 따라서 사망일 이후부터의 납부불성실가산세 100만 원은 상속인이 납부하지 않음으로써 발생한 가산세로 피상속인의 납부의무가 없으므로 상속재산에서 차감할 수 없다. 즉,

상속인이 책임져야 할 가산세다.

Q3 사례에서 발생한 장례비용 2,000만 원의 내역이 아래와 같을 때 상속재산에서 차감할 수 있는 장례비는 얼마인가요?

> – 장례에 직접 소요된 비용(음식 비용 등 포함): 600만 원
> – 봉안시설비용: 900만 원
> – 49재 사찰 시주금: 500만 원

상속재산에서 차감하는 장례비용은 장례일까지 직접 소요된 금액이어야 한다. 사례에서 49재 사찰 시주금 500만 원은 장례에 직접 소요된 금액에 해당하지 않으므로 상속재산에서 차감할 수 없다. 또한 장례관련비용이라고 해서 발생한 모든 금액을 장례비용에 포함하지는 못한다. 상속재산에 차감할 장례비용은 '봉안시설 또는 자연장지 비용'과 '그 이외의 장례비용'으로 구분하여 각각 계산한 후 합산한다. 사례의 경우 총 2,000만 원의 장례비용 중 상속재산에서 차감할 수 있는 금액은 1,100만 원이다.

장례비용 = ①+②	사례 = 1,100만 원
① 봉안시설 또는 자연장지 비용 　− 500만 원을 한도로 실제 소요된 금액을 공제한다. 단, 증빙이 　　없으면 공제 불가	500만 원
② 위 ① 외의 장례비용 　− 500만 원 미만인 경우 500만 원을 공제 　− 500만 원을 초과하고 1,000만 원 이하의 금액은 실제 소요 　　된 금액을 공제 　− 1,000만 원을 초과하면 1,000만 원을 공제. 단, 증빙이 없는 　　경우에는 500만 원만 공제	600만 원

봉안시설비용 900만 원은 증빙이 있어도 500만 원을 초과하므로 500만 원만 인정받는다. 봉안시설 또는 자연장지 비용 이외에 장례에 직접 소요된 비용 600만 원은 증빙이 있다면 600만 원 전액 장례비용으로 인정받는다. 따라서 상속재산에서 차감하는 장례비용은 1,100만 원이다.

Q4 사례에서 피상속인(어머님)의 채무 3억 원의 내역은 아래와 같습니다. 전액 상속재산에서 차감할 수 있나요?

> − 은행 대출금: 1억 원
> − 부동산 임대보증금: 8,000만 원
> − 보증채무: 5,000만 원
> − 타인 명의로 받은 대출금: 6,000만 원
> − 사망일까지 지급하지 않은 피상속인 병원치료비: 1,000만 원

상속재산에서 차감하는 채무는 사망일 현재 피상속인이나 상속재산에

관련된 채무로 피상속인이 부담해야 할 확정된 채무여야 한다. 따라서 은행 대출금 1억 원과 부동산 임대보증금 8,000만 원 및 사망일까지 지급하지 않은 피상속인의 병원치료비 1,000만 원은 모두 상속재산에서 차감할 수 있다.

그러나 보증채무 5,000만 원은 원칙적으로 상속재산에서 차감할 수 없다. 다만, 주채무자가 변제불능상태로서 상속인이 구상권을 행사할 수 없다면 상속재산에서 차감하는 채무로 인정받을 수 있다. 타인명의로 받은 대출금 8,000만 원의 경우 피상속인이 실질적인 채무자이면 상속재산에서 차감할 수 있다.

04

상속공제는 어떠한 것이 있는가

상속공제 선택에 따라 상속세 차이가 크다

아내가 사망하였습니다. 상속인과 상속재산이 아래와 같습니다.

- 상속재산: 주택 8억 원, 예금 10억 원, 상가 10억 원
- 상속인: 남편, 장녀(10세), 차녀(7세)

Q1 이때 상속공제는 어떤 것들을 적용받을 수 있나요?

상속공제는 배우자공제와 배우자 이외의 상속인에 대한 공제, 금융재산

공제, 동거주택상속공제가 있다(이외 가업상속공제 등이 있으나 생략하기로 한다).

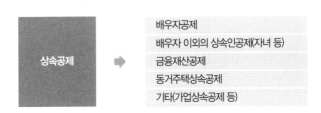

상속공제 ➡ 배우자공제
배우자 이외의 상속인공제(자녀 등)
금융재산공제
동거주택상속공제
기타(가업상속공제 등)

Q2 남편은 배우자공제를 얼마까지 받을 수 있나요?

배우자공제는 실제 배우자가 상속받은 금액을 공제하는데, 실제 상속받은 금액을 모두 공제하지는 않는다. 배우자가 5억 원을 초과하여 상속을 받은 경우에 배우자상속공제액은 '실제 상속받은 금액', '배우자 법정상속분', '30억 원' 중 가장 적은 금액으로 한다.

> **[배우자공제액]**
>
> = 가장 적은 금액[실제 상속받은 금액, 배우자 법정상속분, 30억 원]

참고로 배우자 법정상속분에서 10년 내 증여한 재산이 있으면 그 증여세 과세표준을 차감한다.

사례에서 남편이 실제 15억 원을 상속받았다면 배우자공제액은 15억 원을 전액 공제받을 수 없고 아래와 같이 남편의 법정상속분 12억 원, 30억 원, 실제 상속받은 금액 15억 원 중 가장 적은 금액인 12억 원을 배우자공제액으로 한다.

> **[배우자공제액]**
>
> = 가장 적은 금액[15억 원(실제 상속액), 12억 원(배우자 법정상속분), 30억 원]
>
> = 12억 원
>
> 〈참고〉 남편의 배우자법정상속분
>
> = 28억 원 × $\frac{3}{7}$ = 12억 원

Tip ▶ 최소 5억 원의 배우자공제는 받아야 한다.

• 배우자(남편)가 실제 상속받은 금액이 5억 원 이하일 경우 5억 원을 배우자공제로 받을 수 있다.

Q3 배우자 이외의 상속인(장녀와 차녀)공제는 얼마나 공제받을 수 있나요?

배우자 이외의 상속인이 있다면 5억 원과 아래 ①, ②의 합계액 중 큰 금액을 선택하여 공제받을 수 있다. 사례의 경우 ①과 ②의 합계액은 5억 1,000만 원이므로 5억 1,000만 원을 공제받는 것이 절세다.

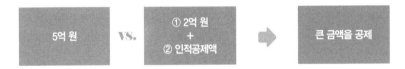

인적공제는 상속인별 해당하는 항목별로 계산한 금액들을 합하여 계산한다. 상속인별로 다음 표(128쪽)의 공제항목별로 해당하는 것들만 계산한다. 사례의 경우 상속인으로 자녀는 장녀와 차녀 2명이므로 각 1인당 5,000만 원씩 자녀공제를 받을 수 있다. 장녀와 차녀는 모두 미성년자이므로 상속일로부터 만 19세까지의 연수에 1,000만 원씩을 곱하여 미성년자공제를 계산한다.

공제항목	계산	사례
자녀공제	자녀 수 × 5,000만 원	2 × 5,000만 원 = 1억 원
미성년자공제	미성년자 수 × 만 19세까지 연수 × 1,000만 원	9 × 1,000만 원 + 12 × 1,000만 원 = 2억 1,000만 원
장애인공제	장애인 수 × 기대여명의 연수 × 1,000만 원	-
연로자공제	65세 이상자 수 × 5,000만 원	-
합계액		3억 1,000만 원

Tip 자녀가 있다면 최소 5억 원의 공제는 받아야 한다.

• 인적공제액과 2억 원의 합계액이 5억 원 미만이면 5억 원을 공제하면 된다.

Q4 금융재산공제는 얼마까지 받을 수 있나요?

피상속인(아내)의 재산 중 예금이나 적금, 보험금, 주식, 채권, 수익증권 등의 금융재산이 있다면 최대 2억 원까지 금융재산공제를 받을 수 있다. 금융재산공제는 금융재산에서 금융부채를 차감한 순금융재산에 대해서 다음 표와 같이 적용한다.

순금융재산(= 금융재산 - 금융부채)	금융재산공제액
2,000만 원 이하	순금융재산 전액
2,000만 원 초과 ~ 1억 원 이하	2,000만 원

| 1억 원 초과~10억 원 이하 | 순금융재산 전액 × 20% |
| 10억 원 초과 | 2억 원 |

사례에서 피상속인의 금융부채가 없다면 예금 10억 원의 20%인 2억 원을 금융재산공제 받을 수 있다.

Q5 사례에서 주택에 대한 동거주택상속공제를 받을 수 있나요?

사례에서는 동거주택상속공제를 받을 수 없다. 그 이유는 동거주택상속공제 요건을 충족하지 못하기 때문이다. 동거주택상속공제를 받으려면 아래의 요건들을 모두 충족해야 한다.

첫째, 직계비속(자녀 등)인 상속인이 피상속인과 사망일 전 10년 이상 계속하여 하나의 주택에서 동거해야 한다. 단, 상속인이 미성년자인 기간은 제외한다.

둘째, 사망일 전 10년 이상 계속하여 1세대를 구성하면서 1세대 1주택에 해당해야 한다.

셋째, 사망일 현재 무주택자로서 피상속인과 동거한 상속인(직계비속)이 상속받은 주택이어야 한다.

위 세 가지 요건을 모두 충족하면 상속주택가액에서 주택 및 토지에 담보된 채무를 차감한 금액의 80%(5억 원을 한도)를 공제받을 수 있다.

[동거주택상속공제액]

= 적은 금액[(상속주택가액−담보 채무)×80%, 5억 원]

〈계산 예시〉

상속주택가액이 15억 원이고 담보된 채무가 5억 원일 경우 동거주택상속공제액

은 5억 원이다.

동거주택상속공제액 = 다음 ①과 ② 중 적은 금액 = 5억 원

① (상속주택가액−담보 채무)×80% = (15억 원−5억 원)×80% = 8억 원

② 5억 원

사례에서 장녀와 차녀는 상속인으로 직계비속이지만 모두 미성년자로 동거기간에서 제외된다. 배우자는 동거주택상속공제 대상이 아니다.

05
세율을 적용하는 방법

과세표준에 따라 세율을 적용하면 상속세 계산 어렵지 않다

> 상속재산가액은 50억 원이고 공과금과 장례비 및 채무는 총 10억 원,
> 상속공제액은 12억 원입니다.

Q1 세율은 어떻게 적용하여 상속세를 산출하나요?

사례에서 상속재산 50억 원에서 공과금과 장례비 및 채무 10억 원, 상
속공제액 12억 원을 차감하고 남은 금액(상속세 과세표준이라 함)은 28억
원(=50억 원-10억 원-12억 원)이다. 따라서 다음 표(132쪽)와 같이 과세표준
28억 원을 구간별로 쪼개서 해당 세율을 곱하고 합산하여 상속세 산출
세액을 계산한다.

과세표준	세율	사례 (산출세액)
1억 원 이하	10%	1억 원×10% = 1,000만 원
1억 원 초과 5억 원 이하	20%	4억 원×20% = 8,000만 원
5억 원 초과 10억 원 이하	30%	5억 원×30% = 1억 5,000만 원
10억 원 초과 30억 원 이하	40%	18억 원×40% = 7억 2,000만 원
30억 원 초과	50%	–
합계액		9억 6,000만 원

사례의 경우 상속세 산출세액은 9억 6,000만 원이다. 참고로 28억 원에 40%(28억 원이 속하는 구간의 세율 40%)를 곱하여 11억 2,000만 원으로 산출하면 안 된다.

구간별로 나눠서 계산하는 것이 불편하다면 다음의 표를 이용하여 계산하면 편리하다.

과세표준	세율	계산산식
1억 원 이하	10%	–
1억 원 초과 5억 원 이하	20%	과세표준×20%-1,000만 원
5억 원 초과 10억 원 이하	30%	과세표준×30%-6,000만 원
10억 원 초과 30억 원 이하	40%	과세표준×40%-1억 6,000만 원
30억 원 초과	50%	과세표준×50%-4억 6,000만 원

사례에서 과세표준이 28억 원이므로 표를 이용하여 계산하면 쉽게 9억

6,000만 원을 계산할 수 있다.

과세표준	세율	계산산식
28억 원 (10억 원 초과 30억 원 이하)	40%	28억 원 × 40% − 1억 6,000만 원 = 9억 6,000만 원

Tip 1 상속세 신고납부 전 세액공제를 체크하라.

• 산출세액이 최종 납부할 상속세는 아니다. 산출세액에서 신고세액공제 등 각종 세액공제를 차감하기 때문이다. 세액공제액이 있으면 실제 납부할 상속세는 더 줄어든다.

Tip 2 손자녀의 상속은 상속세가 할증된다.

• 상속인인 자녀가 있음에도 손자 또는 손녀가 상속재산을 취득하면 30% 또는 40%의 할증세율이 적용된다.

피상속인의 자녀를 제외한 직계비속(손자 또는 손녀 등)이 상속을 받으면 상속세액의 30%를 추가로 내야 한다. 만약, 미성년자에 해당하면 상속세액에 40%를 추가로 내야 한다.

[추가로 내야 하는 상속세액]

$$= \frac{\text{상속세}}{\text{산출세액}} \times \frac{\text{피상속인의 자녀를 제외한 직계비속이 상속받은 재산가액}}{\text{총상속재산가액}} \times \frac{30\%}{(\text{미성년자는 } 40\%)}$$

(Q2) 상속재산가액은 50억 원이고 상속세 산출세액이 9억 6,000만 원일 때, 손자가 상속받은 재산가액이 5억 원이면 얼마를 추가로 내야 하나요?

성년이면 2,880만 원을, 미성년이면 3,840만 원을 추가로 내야 한다.

구분	계산
성년	$= 9억 6,000만 원 \times \dfrac{5억 원}{50억 원} \times 30\% = 2,880만 원$
미성년	$= 9억 6,000만 원 \times \dfrac{5억원}{50억 원} \times 40\% = 3,840만 원$

06
세액공제에는 어떤 것들이 있는가

4가지 세액공제는 반드시 확인하라

> 상속세 과세표준(= 상속재산가액 − 공과금 · 장례비 · 채무 − 상속공제)이
> 28억 원이고 세율을 적용하여 계산한 산출세액은 9억 6,000만 원입니다.

Q1 산출세액에서 공제받을 수 있는 세액공제가 있나요?

상속세 세액공제 중 4가지는 체크해야 한다. 증여세액공제, 단기재상속
에 대한 세액공제, 신고세액공제, 외국납부세액공제다.

상속공제	⇨	증여세액공제
		단기재상속에 대한 세액공제
		신고세액공제
		외국납부세액공제

상속재산에 증여받은 재산을 포함하였다면 증여 시 납부한 증여세액을 공제받을 수 있다. 사망 후 10년 이내에 상속인이 사망하여 다시 상속이 발생한다면 단기재상속에 대한 세액공제를 체크해야 한다. 또한 상속세 신고납부기한에 신고할 경우 무조건 받을 수 있는 신고세액공제도 적용받아야 한다. 마지막으로 외국에 있는 재산에 대해서 외국에 상속세를 납부하였다면 외국에 납부한 상속세도 공제받을 수 있다.

Q2 사례에서 상속재산가액에 장남의 증여재산이 포함되어 있는데, 그 증여세 과세표준이 2억 원이고 증여세 산출세액이 3,000만 원이라면 증여세액공제는 얼마를 받을 수 있나요?(장남이 납부할 상속세액은 2억 원이고 장남의 상속세 과세표준은 8억 7,500만 원이다.)

원칙적으로 장남이 증여받은 재산에 대한 증여세 산출세액 3,000만 원을 공제받을 수 있는데, 다만 아래의 계산에 따라 산출한 금액을 한도로 한다.

$$[\text{공제한도액}] = \text{장남이 납부할 상속세액} \times \frac{\text{장남의 증여재산에 대한 증여세 과세표준}}{\text{장남의 상속세 과세표준}}$$

사례에서 장남의 증여세액공제 한도액은 4,571만 4,285원이다. 따라서 증여세액공제액은 3,000만 원이 된다.

[증여세액공제한도액]

$$= 2억 \text{ 원} \times \frac{2억 \text{ 원(증여세과세표준)}}{8억 \ 7{,}500만 \text{ 원(장남의 상속세 과세표준)}} = 4{,}571만 \ 4{,}285원$$

사례에서 장남이 납부할 상속세액과 장남의 상속세 과세표준을 계산하는 방법은 너무 복잡하여 생략한다.

Q3 상속세 산출세액 9억 6,000만 원일 때 받을 수 있는 신고세액공제는 얼마인가요?

상속세 신고납부기한 내에 신고하면 산출세액의 5%(2019년 이후: 3%)를 공제받을 수 있다. 사례의 경우 4,800만 원(=9억 6,000만 원×5%)을 신고세액공제 받을 수 있다. 다른 세액공제가 없다면 최종 납부할 상속세액은 9억 1,200만 원(=9억 6,000만 원-4,800만 원)이 된다.

Q4 단기재상속에 대한 세액공제는 얼마나 되나요?

예를 들어 할아버지의 사망으로 상속이 개시된 후 10년 이내에 상속인인 아버지가 사망하여 다시 상속이 발생한 경우에 받을 수 있는 세액공제가 바로 단기재상속에 대한 세액공제다. 단기재상속에 대한 세액공제는 '재상속분에 대한 전의 상속세 산출세액×공제율'로 계산한다. 공제율은 재상속기간에 따라 다음과 같다.

재상속기간	공제율	재상속기간	공제율
1년 이내	100%	6년 이내	50%
2년 이내	90%	7년 이내	40%
3년 이내	80%	8년 이내	30%
4년 이내	70%	9년 이내	20%
5년 이내	60%	10년 이내	10%

'재상속분에 대한 전의 상속세 산출세액'의 계산은 상당히 복잡하므로 생략한다. 그 이유는 재상속된 각각의 상속재산별로 구분하여 계산해야 하기 때문이다.

> **Tip** 10년 내 재상속이 발생하면?
> • 단기재상속이 발생하거나 상속재산 중 증여재산이 포함되어 있다면 직접 계산하지 말고 전문가에 맡기는 것이 바람직하다. 다만, 전문가가 해당 세액을 제대로 반영하였는지는 반드시 체크해야 한다.

Q5 외국에 있는 재산도 상속재산에 포함되어 상속세를 계산했습니다. 외국에 있는 재산은 외국에서도 상속세를 냈는데 어떻게 해야 하나요?

상속재산에는 국내에 있는 재산뿐만 아니라 외국에 있는 재산도 포함하여 상속세를 계산한다. 이때 외국에 있는 재산에 대해서 외국에서 상속세를 냈다면 외국에 납부한 상속세는 다음과 같이 공제받을 수 있다.

[①과 ② 중 적은 금액 공제]

① 외국에 납부한 상속세액

② 상속세 산출세액 × $\dfrac{\text{외국에서 상속세가 부과된 상속재산의 과세표준}}{\text{상속세 과세표준}}$

외국납부세액공제를 받으려면 외국납부세액공제신청서를 제출해야 한다.

07
상속세, 어떻게 하면 잘 내는가

납부할 상속세가 많다면 분납과 연부연납 및 물납을 고려하라

> 최종 납부할 상속세액이 6억 원입니다. 상속인 사망일은 6월 1일입니다.

Q1 상속세액은 언제까지 내야 하나요?

사망일이 속하는 달의 말일부터 6개월 이내에 피상속인의 주소지 관할 세무서에 상속세를 신고납부해야 한다. 사례의 경우 6월 1일 속하는 달의 말일, 즉 6월 30일부터 6개월 이내인 12월 31일까지 신고납부해야 한다.

Q2 상속세 6억 원을 한꺼번에 내야 하나요? 분할납부가 가능하다고 하는데 어떻게 할 수 있나요?

납부할 상속세액이 1,000만 원을 초과하면 상속세 신고납부기한까지 1

차 납부하고 신고납부기한 경과 후 2개월 이내까지 2차 납부할 수 있다. 나누어 내는 금액은 다음과 같이 계산한다. 분할납부를 하더라도 이자 부담하지 않으며 담보를 제공할 필요도 없다. 신청만 하면 된다.

상속세액	분납방법
1,000만 원 이하	신고납부기한 내 전액 납부: 분납 안 됨
1,000만 원 초과~ 2,000만 원 이하	• 1차 납부: 1,000만 원 　- 신고납부기한(사망일이 속하는 달의 말일부터 6개월 이내) 내 납부 • 2차 납부: 1,000만 원 초과 금액 　- 신고납부기한이 지난 후 2개월 이내 납부
2,000만 원 초과	• 1차 납부: 최종 납부할 세액의 50% 　- 신고납부기한 내 납부 • 2차 납부: 최종 납부할 세액의 50% 　- 신고납부기한이 지난 후 2개월 이내 납부

사례의 경우 2,000만 원을 초과하므로 납부할 세액의 50%인 3억 원을 신고납부기한인 12월 31일까지 내고, 나머지 3억 원은 신고납부기한 경과 후 2개월 이내인 다음연도 2월 말까지 납부하면 된다.

Q3 납부할 상속세 6억 원은 분할납부하기에 시간이 너무 짧은데, 길게 납부할 수 없나요?

상속세가 고액인 경우 사실상 2개월 분납하는 것으로는 세금납부에 어려움을 겪을 수밖에 없다. 이를 해결할 수 있는 방법은 몇 년에 걸쳐 세금을 분할납부하는 연부연납방식을 활용하는 것이다. 연부연납은 세무서에 신청을 해야 하고 허가가 나면 담보도 제공해야 한다. 납부할 세액이 2,000만 원을 초과해야 신청할 수 있으며 1회 내는 세금은 1,000만 원을 초과해야 한다. 나눠 내는 기간 동안 연 1.8%의 이자도 부담해야 한다. 연부연납기간은 다음의 범위 내에서 정할 수 있다.

구분	연부연납기간
① 가업상속재산 50% 미만	연부연납허가일로부터 10년 또는 연부연납 허가 후 3년이 되는 날부터 7년
② 가업상속재산 50%이상	연부연납허가일로부터 20년 또는 연부연납 허가 후 5년이 되는 날부터 15년
③ ①과 ② 이외의 경우	연부연납허가일로부터 5년

연부연납기간을 5년으로 선택하면 총 6회에 걸쳐 납부할 수 있다. 사례에서 연부연납을 신청하여 세무서로부터 2018년 12월 31일에 5년의 연부연납기간을 허가 받았다면 총 6회에 걸쳐 납부하게 된다.

회수	각 연도에 납부할 금액
1회	1회분 금액 $= 상속세액 \times \dfrac{1}{(1+연부연납기간)} = 상속세액 \times \dfrac{1}{(1+5)}$ $= 상속세액 \times \dfrac{1}{6} = 6억 원 \times \dfrac{1}{6} = 1억 원을 신고납부기한 내 납부$

5회	1억 원(= 6억 원 × $\frac{1}{6}$) 씩 연부연납 허가일로부터 5년간 분할 납부 단, 연 1.8%의 이자를 가산하여 납부

또한 연부연납 시 이자에 해당하는 가산금을 내야 하는 것도 알아둬야
한다.

납부연월일	연부연납상속세	연부연납가산금	매년 납부할 세금
2018.12.31.	1억 원	–	1억 원
2019.12.31.	1억 원	9,000,000원*	109,000,000원
2020.12.31.	1억 원	7,200,000원	107,200,000원
2021.12.31.	1억 원	5,400,000원	105,400,000원
2022.12.31.	1억 원	3,600,000원	103,600,000원
2023.12.31.	1억 원	1,800,000원	101,800,000원

---

* 총 6억 원 중 1억 원은 납부하였으므로 2019. 12. 31. 납부 시 이자는 5억 원에 대한 이자 900만 원을 부
담하면 됨. 매년 1억 원을 납부하여 감소하므로 2020. 12. 31. 4억 원, 2021. 12. 31. 3억 원, 2022. 12. 31.
2억 원, 2023. 12. 31. 1억 원에 대한 이자를 계산하면 됨.

Q4 상속세 6억 원을 한꺼번에 낼 현금이 부족합니다. 세금을 부동산이나 주식 등으로 낼 수 없을까요?

물납을 하려면 다음의 요건들을 모두 충족해야 한다. 첫째, 상속재산 중 부동산과 유가증권의 가액이 상속재산가액의 2분의 1을 초과할 것, 둘째, 상속세 납부세액이 2,000만 원을 초과할 것, 셋째, 상속세 납부세액이 상속재산가액 중 금전과 금융회사 등이 취급하는 예금·적금·부금·계금·출자금·특정금전신탁·보험금·공제금 및 어음의 가액을 초과할 것이다.

위 세 가지 요건을 모두 충족하면 다음 금액을 한도로 물납할 수 있다.

[물납한도 = ①, ② 중 적은 금액]

$$① \text{ 상속세 납부세액} \times \frac{\text{부동산} + \text{유가증권가액}}{\text{총상속재산가액}}$$

② 상속세납부세액 − 순금융재산가액 − 상장주식 · 채권가액

다만, 비상장주식의 경우 비상장주식 등을 제외한 상속재산으로 상속세 납부가 가능한 경우 그 부분에 대해서는 물납을 불허한다.

세 금 은 아 끼 고 분 쟁 은 예 방 하 는 상 속 의 기 술

PART
3

상속세 절세,
이렇게 하면 된다

01

상속재산을 줄여라

상속재산 줄이는 방법 두 가지: 사전증여와 사망 시 재산평가

> 60세인 남편의 재산이 현재 30억 원이 넘습니다. 앞으로 재산이 계속
> 증가할 텐데 상속세가 걱정됩니다.

Q 상속세를 줄이려면 상속재산을 줄이라고 하는데 어떻게 줄여야 하나요?

상속재산을 줄이면 상속세가 줄어드는데, 상속 전(생전)에 줄이는 방법
과 상속 후(사망 시) 줄이는 방법으로 나눌 수 있다. 생전에 상속세 절세
전략을 세우고 양자를 모두 적절하게 혼합하여 상속세를 절세하는 게
좋다. 어느 한 방법만을 사용하여 절세하려고 할 경우에는 절세폭의 한
계가 있기 때문이다.

> **생전** ➡ **상속인 등에게 증여하면 사망 시 상속재산 감소**

사망 시		사망 시 시가보다 낮은 가격으로 평가 (세법상 평가방법을 활용)

전자(생전에 상속재산을 줄이는 방법)는 현재부터 남편의 사망 시까지 상속인 등에게 재산을 증여하여 상속재산을 줄이는 방법이다. 후자(사망 후 상속재산을 줄이는 방법)는 세법상 평가방법을 활용하여 사망일에 남편의 재산을 시가로 평가하지 않고 시가보다 낮은 가격으로 평가하여 상속재산의 가격을 낮추는 방법이다.

생전 증여로 하는 상속세 절세

남편의 재산은 아래와 같습니다.
– 아파트: 시세 6억 원(10년 후 시세는 16억 원)
– 다가구주택: 14억 원, 금융재산: 10억 원
– 아내와 자녀 3명(25세, 27세, 30세)

Q 생전에 증여하면 10년 후 남편 사망 시 상속세가 얼마나 줄어드나요? 어떤 재산을 증여하는 게 좋은가요? (공제액은 일괄공제와 배우자공제 및 금융재산공제를 모두 합하여 12억 원으로 가정합니다.)

10년 후 남편의 상속재산은 아파트 16억 원과 금융재산 등 24억 원으로 총 40억 원이다. 그러나 남편이 생전에 아파트를 아내 50% 지분, 자녀 3명에게 각각 1억 원(지분)씩 증여하면 상속재산은 금융재산 등 24억 원만 해당한다. 따라서 상속세는 9억 1,200만 원에서 3억 400만 원으로 6억 800만 원 감소한다.

	생전 증여를 하지 않은 경우	생전에 아파트를 증여한 경우
① 상속재산가액	40억 원	24억 원
② 공제액	12억 원	12억 원
③ 과세표준(= ①-②)	28억 원	12억 원
산출세액	28억 원 × 세율	12억 원 × 세율
	9억 6,000만 원	3억 2,000만 원
최종 납부세액	9억 1,200만 원	3억 400만 원

> **Tip** ▶ **생전 증여 시 주의사항**
> • 생전에 증여하면 증여세와 취득세 등이 추가로 발생할 수 있다.

사례에서 남편이 생전에 시세 6억 원인 아파트를 아내와 자녀 3명에게 증여하면 증여세 1,425만 원이 발생한다. 배우자는 10년간 6억 원까지는 증여해도 증여세가 없다. 그러나 자녀는 10년간 증여액이 5,000만 원을 초과하면 그 초과금액에 대해서 증여세를 내야 한다. 자녀의 경우 1인당 1억 원씩 증여받았으므로 각 개인당 증여금액은 공제액 5,000만 원을 차감하고 남은 5,000만 원이고 1인당 증여세 475만 원을 내야 한다.

세금	아내	첫째	둘째	셋째	합계
증여세	0	475만 원	475만 원	475만 원	1,425만 원
취득세 등	840만 원	280만 원	280만 원	280만 원	1,680만 원
총계					3,105만 원

부동산을 증여하면 증여세 외에 취득세와 지방교육세 및 농특세도 추가로 내야 한다. 취득세 등은 증여일 기준시가의 4%(전용면적 85㎡ 이하는 3.8%)를 내야 한다. 만약 기준시가가 4억 2,000만 원이라면 총 1,680만 원의 취득세 등을 내야 한다.

> **Tip** 생전 증여 시 상속세 절세효과를 크게 하려면?
> • 시세 상승이 가장 클 것으로 예상되는 자산을 시세가 낮을 때 증여하면 상속세 절세 효과는 훨씬 크다.

사례에서 10년 후 아파트의 시세가 6억 원에서 16억 원으로 증가한다고 가정하였는데, 만약 10년 후 아파트의 시세가 6억 원으로 변동이 없다면 상속세 절세액은 어떻게 될까?

	생전 증여를 하지 않은 경우	생전에 아파트를 증여한 경우
① 상속재산가액	30억 원	24억 원
② 공제액	12억 원	12억 원
③ 과세표준(= ①-②)	18억 원	12억 원
산출세액	18억 원×세율	12억 원 × 세율
	5억 6,000만 원	3억 2,000만 원
최종 납부세액	5억 3,200만 원	3억 400만 원

상속세 절세액은 6억 800만 원이 아닌 2억 2,800만 원으로 상당히 적어진다. 상속재산이 40억 원이 아닌 30억 원이기 때문이다. 따라서 시세 상승폭이 가장 클 것으로 예상되는 재산을 생전에 증여하여 적은 증여세를 내면 상속시점에 큰 폭으로 증가하는 상속세를 사전에 줄이는 방법을 고려해야 한다.

사망 시점에서의 상속세 절세

남편이 사망하였습니다. 갑작스러운 사고라 생전에 상속세 절세를 할
수 없었습니다.
- 아파트: 시세 16억 원
- 다가구주택: 시세 14억 원(공시가격 7억 원), 금융재산: 10억 원
- 아내와 자녀 3명(25세, 27세, 30세)

Q1 총 재산이 40억 원인데 상속세를 줄일 수 있나요? (공제액은 일괄공제와

배우자공제 및 금융재산공제를 모두 합하여 12억 원으로 가정한다.)

다가구주택을 시세 14억 원이 아닌 공시가격 7억 원으로 신고하면 상

속세가 줄어든다. 시세 14억 원으로 하면 상속재산은 40억 원으로 9억

1,200만 원의 상속세를 내야 한다. 그러나 다가구주택을 공시가격 7억

원으로 신고하면 납부할 상속세는 6억 4,600만 원으로 시세로 신고하

는 경우보다 3억 4,200만 원 적게 낸다.

	시세 14억 원으로 신고한 경우	공시가격 7억 원으로 신고한 경우
① 상속재산가액	40억 원	33억 원
② 공제액	12억 원	12억 원
③ 과세표준(= ①-②)	28억 원	21억 원
산출세액	28억 원×세율	21억 원×세율
	9억 6,000만 원	6억 8,000만 원
최종 납부세액	9억 1,200만 원	6억 4,600만 원

Tip ▶ 시가보다 낮은 공시가격이 무조건 유리하지는 않다.
- 시가 파악이 어려운 재산(토지 등)은 무조건 시세보다 낮은 가격으로 하는
  것이 바람직하지는 않다. 오히려 손해를 초래하는 상황도 있으니 상속세 신
  고를 하기 전에 자문을 받고 진행해야 한다.

예를 들어 상속재산에 나대지(토지)가 포함되어 있다고 하자. 나대지의 개
별공시가격은 5억 원이고 시세는 10억 원이라고 할 때 5억 원으로 하여
상속세 신고를 하면 상속세는 줄어든다. 그러나 상속 받은 후 10억 원
매도할 때 양도세는 차익 5억 원(=10억 원-5억 원)에 대해서 계산해야 하는
데 해당 양도세는 얼마나 될까를 생각해 보아야 한다. 만약 상속세 신고
시 10억 원으로 한다면 상속세는 늘어나지만 양도세는 0원이 된다.

즉, 5억 원으로 상속세 신고 시 상속세와 10억 원으로 매도 시 양도세
의 합계액과 10억 원으로 신고 시 상속세를 비교하여 적은 세금이 발생
하는 방향으로 신고를 해야 한다.

Q2 남편이 사망한 후 상속세 계산을 할 때 모든 상속재산들의 가격을 낮
출 수 있나요? 아니면 특정 재산들만 가능한가요?

모든 상속재산의 가격을 낮출 수 있는 것은 아니다. 상속세 계산 시 상
속재산가격은 원칙적으로 해당 재산의 시세(시가)로 결정한다. 다만, 시
가를 확인하기 어려운 경우에는 상속세법상 정해진 평가방법(보충적 평가

방법이라 한다)으로 해당 재산의 가격을 결정한다.

(Q3) 아파트와 단독주택 및 상가 등의 부동산은 어떻게 평가하나요?

상속재산 중 부동산은 다음 그림처럼 해당 부동산에 관한 시가(사망일 전후 각 6개월 동안의 매매사례가액·감정가격·수용·경매·공매가격 등)가 있으면 그 시가(매매사례가액·감정가격·수용·경매·공매가격)를 상속재산가격으로 한다. 만약 시가가 없다면 해당 부동산의 기준시가를 상속재산가격으로 신고할 수 있다.

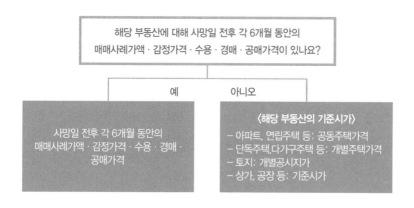

사망일 전 6개월~2년 이내의 기간 중에 매매, 감정, 보상 등이 있는 경우
가격변동의 특별한 사정이 없다고 보아 상속세 납부의무가 있는 자, 지방국세청장
또는 관할세무서장이 신청하는 때에는 평가심의위원회의 심의를 거쳐 해당 매매
등의 가액을 시가로 볼 수 있으므로 주의해야 한다.

아파트는 거의 대부분 사망일 전후 6개월 내에 동일평형의 매매사례가액이 있으므로 기준시가로 상속재산신고를 하는 사례가 거의 발생하지 않는다. 그러나 단독주택이나 다가구주택, 토지, 상가 등과 같은 경우에는 해당 부동산과 동일한 시세로 볼 수 있는 매매사례가액을 찾을 수 없으므로 시세보다 훨씬 낮은 개별주택가격이나 개별공시지가 등의 기준시가로 상속재산 신고를 할 수 있다.

> **Tip** ▶ 시세파악이 어렵다면 감정평가를 활용하라.
> • 단독주택, 다가구주택, 토지, 상가 등의 상속재산가격을 시세로 신고하려면 감정평가를 하면 된다.

Q4 일반분양권과 조합원 입주권의 평가방법은?

상속재산 중 분양권은 '사망일까지 납입한 금액+사망일 현재의 프리미엄'이 상속재산가격이 된다. 재건축이나 재개발 등의 조합원 입주권은 '조합원 권리가액+사망일까지 납입한 금액+사망일 현재의 프리미엄'으로 계산한다.

Q5 금융재산 가격은 얼마인가요?

상속재산 중 예금이나 주식, 채권 등의 금융재산의 가격은 다음 표(158

쪽)와 같이 결정한다.

재산	가격결정
예금과 적금 등	예금 총액＋미수이자－원천징수세액
펀드	[①이 있으면 ①을 적용하고 ①이 없으면 ②를 적용] ① 사망일 현재의 기준가격 ② 사망일 현재의 환매가격 또는 사망일 전 가장 가까운 날의 기준가격
상장주식	사망일 이전·이후 각 2개월 동안(총 4개월)의 종가 평균액
비상장주식	상속세법에 따라 평가한 1주당 평가액
상장채권 등	[①과 ② 중 큰 금액] ① 사망일 이전 2개월 동안 공표된 매일의 거래소 최종시세가액의 평균액 ② 사망일 이전 최근일의 최종시세가액
비상장채권	① 타인으로부터 매입한 채권 = 매입가액＋사망일까지의 미수이자 ② 기타 채권 = 사망일 현재 처분 시 받을 수 있다고 예상되는 금액
연금	[연금 수령방식에 따라 ① 또는 ②에 의하여 평가한다.] ①Σ×유기정기금 평가 = Ⓐ와 Ⓑ 중 적은 금액 　Ⓐ $\Sigma \times \dfrac{\text{각 연도에 받을 정기 금액}}{(1+3.0\%)^n}$ 　Ⓑ 1년분 정기금액 × 20 　※ n: 사망일로부터의 경과연수 ② 종신정기금 평가 = $\Sigma \times \dfrac{\text{각 연도에 받을 정기 금액}}{(1+3.5\%)^n}$ 　※ n: 사망일로부터의 경과연수

표에서 보듯 상장주식이나 상장채권 등과 예금과 적금 및 펀드 등은 사망일의 시가 파악이 쉽기 때문에 사실상 사망일의 시가가 해당 재산가격이 된다. 그러나 연금, 비상장주식과 채권 등은 시세 파악이 어렵기 때문에 시세가 아닌 세법상의 별도 평가방법으로 해당 재산의 가격을 결정한다. 따라서 시세보다 낮은 가격으로 상속재산이 결정될 수 있으며, 그에 따라 상속세가 적게 될 수 있다.

02
공과금 · 채무 공제를 최대한 받아라

반드시 확인해야 하는 공과금과 채무들

어머님 사망으로 상속세 신고를 하려고 하는데 상속재산에서 차감하는 비용으로 공과금과 채무 및 장례비를 최대한 받고 싶습니다.

Q1 공과금에는 조세와 공공요금 등이 포함된다고 하는데 구체적으로 어떤 것들이 포함되나요?

공과금은 사망일 현재 피상속인이나 상속재산에 관련된 공과금으로 '소득세와 부가가치세 등의 각종 세금과 전기요금, 전화요금, 가스요금 등의 공공요금'을 말하는데, 피상속인 명의로 해당 공과금이 있는지 파악하여 최대한 반영해야 한다. 피상속인 또는 상속재산에 관련된 공과금이라면 한도 없이 전액 공제받을 수 있으므로 관련 공과금이 있는지 반드시 체크해야 한다.

다음 표의 공과금에 해당하는 항목들에 대해서는 상속재산에서 차감할 수 있는데, 사망일 이후 상속인이 책임져야 할 공과금은 제외됨에 유의해야 한다.

세금	피상속인이 사업소득 또는 근로소득 등이 있으면	종합소득세
	피상속인이 부동산을 양도하였다면	양도세
	피상속인이 부동산 임대하고 있다면	종합소득세, 부가가치세
	상속재산에 대한 보유세와 취득세 등	재산세와 종합부동산세, 취득세 등
	피상속인의 체납하여 부담해야 할 세금	위 외에 각종 세금 (교육세, 농특세, 인지세, 특별소비세 등)
공공 요금	전화요금, 전기요금, 수도요금, 가스요금 등	
	수수료, 면허료, 사용료, 가산금, 연체료, 벌금, 과료 등	

Q2 사망한 어머님의 채무를 최대한 반영하고 싶은데, 공제받을 수 있는 채무는 어떤 것들이 있고, 채무를 어떻게 입증하나요?

상속재산에서 차감하는 채무는 사망일 현재 피상속인이나 상속재산에 관련된 채무로 상속인이 실제로 부담하는 사실이 증명되는 것이어야 한다.

① 국가·지자체·금융기관(은행 등)에 대한 채무는 해당기관에 대한 채무임을 확인할 수 있는 서류로 입증해야 한다.

② 위 ①이외의 채무는 채무부담계약서, 이자지급에 관한 증빙 등에 의

하여 채무사실을 확인할 수 있는 서류를 제출해야 한다.

특히 피상속인의 채무와 관련하여 다음에 해당하는 채무가 있는지 확인하고 관련 증빙서류를 제출해야 채무를 인정받을 수 있다.

구분	확인할 채무
상속재산에 임대차계약이 있는 경우	임대보증금
피상속인이 사망당시 병원에서 치료를 받은 경우	피상속인에게 지급의무가 있는 병원비
피상속인의 사업과 관련해 고용한 사용인이 있는 경우	사망일까지의 퇴직금 상당액
피상속인이 법인의 대표이사 등인 경우	해당 법인으로부터 인출한 가지급금 등
피상속인이 부담하는 보증채무	주채무자가 변제불능상태이고 상속인이 주채무자에게 구성권을 행사할 수 없는 보증채무
피상속인이 연대채무자인 경우	피상속인의 부담분 채무만 공제 – 단, 연대채무자가 변제불능상태이고 피상속인이 변제불능자의 부담분까지 부담한 경우에는 당해 부담분도 공제
피상속인이 타인 명의로 대출받은 경우	사실상의 채무자가 피상속인임이 확인되면 공제 – 대출금의 사용처 및 원리금 변제상황과 담보제공 사실 등에 의해 확인
특수관계인(배우자, 직계존비속 등) 간 소비대차	사실상 채무가 존재함을 입증하면 채무로 공제

이 밖에 피상속인의 공사비 미지급금 등 각종 채무도 피상속인의 채무로 입증되면 상속재산에서 공제될 수 있다.

상속공제를 최대한 활용하라

상속공제 선택 방법을 알아야 한다

> 남편이 8월 21일에 사망하였습니다. 상속재산은 21억 원인데 채무와
> 공과금 및 장례비로 3억 원이 있습니다. 주변에서 아래와 같이 상속
> 공제는 12억 원을 받으면 상속세 과세표준은 6억 원으로 상속세 1억
> 1,400만 원을 내면 된다고 합니다.
>
> – 아내에 대한 배우자 공제: 5억 원
> – 아들 2명(12세, 10세), 딸(7세)에 대한 일괄공제: 5억 원
> – 금융재산공제: 2억 원

Q1 상속공제를 위와 같이 받는 게 최선인가요?

금융재산공제는 최대 2억 원까지 받을 수 있으므로 금융재산공제를 추가로 더 받을 수 없다. 그러나 배우자공제액 5억 원과 배우자 이외의 상속인공제(자녀들에 대한 일괄공제) 5억 원은 세법상 최소한의 공제금액이다.

따라서 자녀들에 대한 상속인공제와 배우자공제액을 최대로 얼마까지 받을 수 있는지 계산해 보아야 한다.

(Q2) 사례에서 자녀 3명에 대한 상속인공제는 일괄공제 5억 원보다 더 많이 받을 수 있나요?

상속인 중 배우자 이외의 상속인(자녀 등)이 있는 경우에는 다음 그림과 같이 '일괄공제 5억 원'과 '2억 원+인적공제액' 중 큰 공제액을 선택할 수 있다.

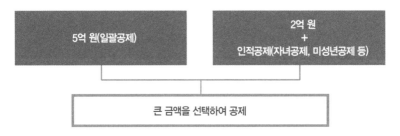

인적공제액은 자녀공제와 미성년자공제, 장애인공제, 연로자공제가 있다. 배우자 이외의 상속인이 해당하는 항목들에 대해서 공제액을 다음 표와 같이 계산하면 된다.

인적공제항목	계산	사례
자녀공제	자녀 수 × 5,000만 원	3 × 5,000만 원 = 1억 5,000만 원
미성년자공제	미성년자 수 × 19세까지 연수 × 1,000만 원	첫째 = 7 × 1,000만 원 = 7,000만 원 둘째 = 9 × 1,000만 원 = 9,000만 원 셋째 = 12 × 1,000만 원 = 1억 2,000만 원 합계 = 2억 8,000만 원
장애인공제	장애인 수 × 기대여명의 연수 × 1,000만 원	–
연로자공제	65세 이상자 수 × 5,000만 원	–
합계		4억 3,000만 원

사례의 경우 자녀 3명에 대한 자녀공제액 1억 5,000만 원과 미성년자 공제액 2억 8,000만 원을 합한 인적공제액은 총 4억 3,000만 원이다. 따라서 배우자 이외의 상속인 공제액은 6억 3,000만 원(=2억 원+4억 3,000만 원)이므로 일괄공제 5억 원을 공제받는 것보다 절세가 된다.

사례에서 일괄공제 5억 원을 받지 않고 위의 공제액 6억 3,000만 원을 받으면 절세는 얼마나 될까? 납부할 상속세액은 1억 1,400만 원에서 7,980만 원으로 3,420만 원이 절세된다.

> **Tip** ▸ 10세 전후의 상속자녀가 있을 때 공제액 선택은?
>
> • 상속인 중 10세 전후 미성년 자녀들이 2~3명 이상이라면 일괄공제 5억
> 원을 적용하는 것에 신중해야 한다.
> 자녀들에 대한 공제액을 먼저 계산해 본 후 일괄공제액 5억 원에 미치지 못
> 하면 일괄공제 5억 원을 공제받으면 된다. 그러나 자녀들에 대한 공제(미성
> 년자공제, 자녀공제 등과 기초공제 2억 원의 합계)가 5억 원을 넘는다면 당
> 연히 자녀들에 대한 공제를 받는 게 낫다. 특히 상속인 중 10세 전후 미성
> 년 자녀들이 2~3명 이상인 경우 자녀들에 대한 공제액은 5억 원이 넘는
> 경우가 많으니 무조건 일괄공제를 선택하기 보다는 실제로 자녀들에 대한
> 공제액을 계산해봐야 한다.

Q3 자녀들에 대한 공제액을 6억 3,000만 원으로 하더라도 상속세 7,980
만 원을 내야 합니다. 배우자공제를 활용하여 더 줄일 수 있나요?

아내가 법정상속분까지 상속을 받으면 배우자공제를 5억 원이 아닌 법
정상속분까지 공제받을 수 있으며, 상속세 절세가 추가로 가능하다. 사
례에서 배우자 법정상속분은 $\frac{3}{9}$이므로 7억 원까지 상속공제가 가능하
다. 따라서 배우자공제 7억 원을 적용하면 자녀들에 대한 일괄공제 6
억 3,000만 원과 공과금과 장례비 등의 공제액 3억 원 및 금융재산공
제 2억 원을 합한 총 공제액은 18억 3,000만 원이 된다. 상속세는 최종
4,180만 원만 내면 된다.

	배우자 공제 5억 원	배우자 법정상속분 공제
① 상속재산가액	21억 원	21억 원
② 공제액	16억 3,000만 원	18억 3,000만 원
③ 과세표준(= ①-②)	4억 7,000만 원	2억 7,000만 원
산출세액	4억 7,000만 원 × 세율	2억 7,000만 원 × 세율
	8,400만 원	4,400만 원
최종 납부세액	7,980만 원	4,180만 원

Tip 배우자 법정상속분 내의 실제 상속재산가액 공제가 불리한 이유는?

- 배우자 법정상속분까지 상속받아서 상속세를 절세할 수 있지만 상속받은 배우자가 사망하여 상속세를 내야 할 경우 오히려 손해가 발생할 수 있다.

Q4 사례에서 남편의 사망 후 10년이 지나서 아내가 사망한다고 가정해보자. 아내의 본래 재산은 15억 원이 있다고 할 때 남편의 재산 중 7억 원을 아내가 법정상속 받은 경우와 받지 않은 경우(배우자공제 5억 원 적용) 상속세는 어떻게 달라질까?

남편 사망으로 인한 상속세는 배우자가 법정상속분만큼 상속받으면 배우자공제 5억 원을 공제받는 경우보다 3,800만 원 절세가 된다. 그러나 배우자(아내)가 사망해서 자녀들이 상속받을 때는 상속세가 4억 1,800만 원으로 급증하게 된다. 이것은 배우자의 본래 재산 15억 원과 상속받은 7억 원을 합한 22억 원에 대해서 상속세를 내야 하기 때문이다.

구분		배우자 법정상속분 공제받은 경우	배우자공제 5억 원 공제받은 경우
남편 사망 시	상속재산가액	21억 원	21억 원
	상속세	4,180만 원	7,980만 원
아내 사망 시	상속재산가액	15억 원+7억 원	15억 원
	상속세	4억 1,800만 원*	1억 7,100만 원*
총 상속세	합계	4억 5,980만 원	2억 5,080만 원

배우자가 상속받지 않고 자녀들이 남편의 재산을 모두 상속받으면 남편 사망 시 상속세는 7,980만 원으로 증가하지만 배우자(아내) 사망 시 상속세는 1억 7,100만 원으로 훨씬 적다.

* 아내의 상속세 계산 시 금융재산은 10억 원으로 금융재산상속공제액을 2억 원과 일괄공제액 5억 원으로 가정하여 산출한 금액임.

04
세액공제를 제대로 적용받아라

증여세액공제와 신고세액공제는 반드시 확인하라

> 상속을 받아야 하는 입장입니다. 세액공제 최대한으로 적용받을 수 있는 방법에는 어떤 것들이 있는지 알아보려고 합니다.

Q1 상속세 산출세액에서 공제되는 세액공제를 최대로 받으려면 어떻게 해야 하나요?

상속세 세액공제 중 4가지인 증여세액공제, 단기재상속에 대한 세액공제, 신고세액공제, 외국납부세액공제는 무엇보다 정확하게 알고 최대한 공제받아야 한다. 잘못 적용하여 공제를 많이 받으면 추후에 적게낸 상속세와 더불어 가산세를 내야 하는 상황이 발생할 수 있기 때문이다.

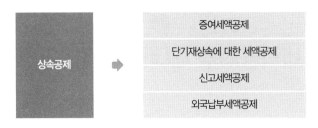

상속공제	➡	증여세액공제
		단기재상속에 대한 세액공제
		신고세액공제
		외국납부세액공제

Q2 계산한 상속세액이 1억 원으로 많은데 일시에 납부하기 어려워 상속세 신고납부를 연기하려고 합니다. 납부 연체에 대한 가산세만 내면 되나요?

상속세 납부를 하지 않더라도 상속세 신고기한(사망일이 속하는 달의 말일부터 6개월) 이내에 상속세 신고는 해야 한다. 이유는 두 가지다. 하나는 신고기한 내 상속세 신고를 하면 신고세액공제 5%(2019년 이후부터는 3%)를 적용받을 수 있다는 점이고, 다른 하나는 신고불성실가산세 20%(부정무신고가산세는 40%)를 적용받지 않는다는 점이다.

구분	계산	사례
신고세액공제액	산출세액의 5%	1억 원 × 5% = 500만 원
무신고가산세	미납부세액의 20%	1억 원 × 20% = 2,000만 원
합계		2,500만 원

사례에서 1억 원의 상속세를 신고기한까지 신고하지 않으면 신고세액공제액 500만 원을 적용받지 못할 뿐만 아니라 무신고가산세 2,000만 원을 추가로 내야 한다. 따라서 총 2,500만 원의 손실을 보게 된다. 납

부를 하지 않더라도 신고는 해야 하는 이유다.

Q3 상속세 신고기한 내에 신고를 하지 못했는데 어떻게 해야 하나요?

최소한 신고기한 경과 후 1개월 또는 6개월 이내에 신고를 하면 신고불
성실가산세가 줄어든다. 상속세 신고기한 내에 신고를 하지 못했더라
도 상속세 신고기한 경과 후 1개월 이내에 신고하면 가산세의 50%, 상
속세 신고기한 경과 후 6개월 이내에 신고하면 가산세의 20%를 감면
받을 수 있다.

신고기한 경과 후	계산	사례
1개월 이내	가산세액의 50%	2,000만 원 × 50% = 1,000만 원
6개월 이내	가산세액의 20%	2,000만 원 × 20% = 400만 원

Q4 상속재산에 포함된 증여재산이 있습니다. 증여세액공제를 받을 수 있
나요?

상속재산가액에서 공과금과 장례비 및 채무를 차감한 금액이 5억 원
이하인 경우에는 증여재산이 있더라도 증여세액공제를 적용하지 않는
다. 또한 증여세가 부과되지 않은 경우에도 증여세액공제를 적용받을
수 없다.

상속세액에서 공제하는 증여세액은 증여세 할증과세액(세대생략할증과세

액: 할아버지가 손자에게 증여하는 경우와 같이 한 세대를 건너서 증여할 경우 일반 증

여세율에 추가하여 과세하는 증여세)은 해당하지 않는다.

명의신탁으로 증여세가 과세된 재산이 실제 소유자인 피상속인에게

환원되거나 피상속인의 상속재산에 포함되어 상속세가 과세된 경우

해당 증여세액은 증여세액공제를 받을 수 없다.

Q5 외국에 있는 재산에 대해서 해당 국가에서 상속세를 부과는 했지만

상속세를 납부하지 않았습니다. 외국납부세액공제를 받을 수 있나요?

외국납부세액은 반드시 외국에 상속세를 납부했어야 하는 것은 아니

다. 상속세 신고기한 내에 외국에 소재하는 피상속인의 상속재산에 대

해서 외국에서 상속세가 부과된 사실을 입증하는 서류와 함께 외국납

부세액공제를 신청하면 외국납부세액공제를 받을 수 있다.

05
상속세 납부방법을 활용하라

당장 납부할 상속세가 부족할 때 납부방법

> 납부할 상속세가 6억 원입니다. 사망일은 3월 10일이고 상속세는 9월
> 30일까지 납부해야 하는데 현재 현금은 1억 원 정도만 있습니다.

Q1 상속세를 납부할 현금이 부족합니다. 어떻게 납부해야 하나요?

납부할 상속세가 많은 경우 분납과 물납 또는 연부연납을 활용하여 납
부할 수 있다. 물론 상황에 따라 차입하여 상속세를 납부하거나 보유재
산 중 일부를 처분하여 상속세를 납부할 수도 있다. 본인의 상황에 맞
게 상속세 납부방법을 활용해야 한다.

Q2 상속세 6억 원을 어떻게 분납하나요?

납부할 상속세가 많더라도 납부할 여력이 충분하다면 분납을 하면 된

다. 현금이 아닌 부동산이나 주식 등의 금융재산으로 현금화하는 데 시간이 좀 걸린다면 분납을 최대한 활용하여 납부해도 된다.

사례의 경우 상속세 6억 원을 일시에 납부할 수 있는 상황은 아니다. 또한 분납도 만만치 않을 수 있다. 분납의 경우 9월 30일까지 3억 원, 11월 30일까지 3억 원을 내야 하기 때문이다. 그렇다고 은행으로부터 차입을 하여 상속세를 납부하면 만만치 않은 이자를 내야 하므로 추가 부담이 발생할 수 있다.

만약 부동산이나 주식 등으로 일정기간 내 처분이 가능하다면 분납기간을 활용하여 납부하는 방법도 고려해볼 수 있다. 특히 재산 중 시세가 더 이상 오르지 않을 것으로 예상되는 재산을 분납기간에 처분할 수 있다면 해당 재산을 처분하여 상속세를 납부하는 방법도 좋은 방법일 수 있다.

Q3 분납기간이 너무 짧은데 더 길게 나누어 낼 수 있나요?

분납이 불가능하고 재산처분도 쉽지 않아 은행으로부터 대출을 받아 상속세를 납부하는 사례가 많다. 대출을 받아 상속세를 납부할 경우 이자가 적지 않을 수 있다. 이때 상속세 연부연납을 활용하면 납부기간을 길게 하면서도 낮은 이자를 부담하는 효과를 얻을 수 있다.

사례의 경우 9월 30일까지 1억 원을 납부하고, 나머지 5억 원은 연부연납허가일로부터 5년간 분할납부할 수 있다. 단, 연 1.8%의 연부연납가산금을 추가로 내야하고, 세무서에 담보를 제공해야 한다.

특히 임대부동산의 임대료 또는 배당으로 상속세 연부연납세액을 충당할 수 있고, 차입금리가 연부연납가산금보다 높다면 연부연납을 활용해도 좋다.

Q4 부동산이나 주식으로 상속세를 내고 싶은데 어떻게 해야 하나요?

상속재산 중 부동산과 유가증권의 가액이 해당 상속재산가액의 50%를 초과하고, 상속세 납부세액이 2,000만 원을 초과하며, 상속세 납부세액이 상속재산가액 중 금융재산의 가액을 초과해야 물납신청이 가능하다.

물납은 부동산과 유가증권(국공채, 주식 등)에 한하여 가능한데, 상장주식은 처분이 제한된 상장주식은 가능하나 그 외 상장주식은 물납이 불가능하다. 물납 신청과 허가 순서는 '국공채 → 처분이 제한된 상장주식 → 부동산 → 유가증권 → 비상장주식 → 상속인이 거주하는 주택과 그 부수토지' 순서에 따라 신청하고 허가해야 한다.

처분이 용이하지 않고 시세 상승가능성이 적은 재산일 경우 물납을 고려해 볼만하지만 그렇지 않은 경우 오히려 재산상의 손실이 발생할 수 있다.

세금은 아끼고 분쟁은 예방하는 상속의 기술

PART
4

다양한 상속 질문, 알아두면 도움 된다

01

상속과 증여 중
어느 것을 선택해야 하나요?

Q1 성년인 자녀가 2명이고 어머님도 계십니다. 아버지의 재산 중 일부를 증여받는 게 나은지 아니면 상속받는 게 나은지요?

증여와 상속 중 어느 것을 선택하는가에 대한 획일적인 해답은 없다. 상황별로 증여했을 때와 상속했을 때의 세금을 비교하여 판단할 수밖에 없다. 이때 재산에 대한 시세 예측도 함께 해야 하기에 결과가 예상과 다를 수도 있다. 그렇다고 손 놓고 있기보다는 합리적인 예측과 더불어 사전에 세금계산을 함으로써 더 나은 절세방법을 강구해야 한다. 일반적으로는 다음과같이 판단하면 된다.

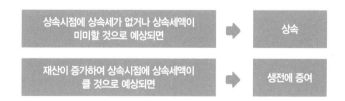

| 상속시점에 상속세가 없거나 상속세액이 미미할 것으로 예상되면 | ➡ | 상속 |
| 재산이 증가하여 상속시점에 상속세액이 클 것으로 예상되면 | ➡ | 생전에 증여 |

상속시점에 상속세가 없거나 납부할 상속세액이 미미할 경우에는 증여보다는 상속을 받는 게 낫다. 현재는 상속세액이 적더라도 재산이 증가하여 상속시점에 상속세액이 클 것으로 예측된다면 사전에 재산 중 일부를 증여하는 게 바람직하다.

(Q2) 아버지의 재산이 현재 14억 원입니다. 아버지는 연로하시고 현재 질병을 앓고 계시는데 병원에서 향후 2~3년 정도의 여생을 예상하고 있습니다. 가족은 어머님과 자녀 1명이 있습니다. 재산은 아파트 시세 3억 원과 상가 시세 7억 원(기준시가 5억 원) 및 금융재산 4억 원이 있습니다. 재산 중 어느 것을 증여하는 게 좋을까요? 아니면 상속받는 게 나을까요?

사례의 경우 증여보다는 상속이 낫다. 그 이유는 향후 2~3년 후에 상속을 받더라도 상속재산의 가격이 급등하지 않는 한 상속세 부담이 거의 없을 것이기 때문이다. 다음 표에서 보듯이 상속재산가액이 12억 원(상가를 기준시가로 평가)이라고 할지라도 상속공제액이 13억 원까지 가능하기 때문이다. 상속공제액을 살펴보면 자녀에 대한 일괄공제액은 5억 원이지만 배우자공제액은 법정상속분까지 상속받으면 7억 2,000만 원을 공제 받을 수 있고, 금융재산공제액은 8,000만 원을 공제받게 된다.

계산구조		사례
	상속재산	12억 원(아파트 3억 원+상가 5억 원+금융재산 4억 원)
−	공과금 · 장례비용 · 채무	0원
−	상속공제	13억 원 (일괄공제 5억 원, 배우자공제 7억 2,000만 원, 금융재산공제 8,000만 원)
=	과세표준	0원
×	세율	
=	산출세액	0원
−	세액공제	−
=	납부할 세액	0원

만약 아파트 가격이 향후 2~3년 후에 2억 원이 더 증가하여 14억 원이
된다고 하더라도 상속세는 0원이 된다. 그 이유는 상속공제액 중 배우
자공제액도 7억 2,000만 원에서 8억 4,000만 원으로 함께 증가하기 때
문이다.

계산구조		사례
	상속재산	14억 원(아파트 5억 원+상가 5억 원+금융재산 4억 원)
−	공과금 · 장례비용 · 채무	0원
−	상속공제	14억 2,000만 원 (일괄공제 5억 원, 배우자공제 8억 4,000만 원, 금융재산공제 8,000만 원)

=	과세표준	0원
×	세율	
=	산출세액	0원
−	세액공제	−
=	납부할 세액	0원

Q3 아버지의 재산은 아파트 2채(3억 원/3억 원)와 금융재산 10억 원이 있습니다. 가족은 어머니와 자녀 3명입니다. 아버지의 재산 중 아파트 2채의 가격은 10년 후 17억 원으로 상승할 것으로 예상되어 10년 후 아버지의 총 재산이 27억 원으로 예상되는데, 주변에서는 배우자공제를 최대한 받으면 상속세가 거의 없으니 상속받으라고 합니다. 정말 사전증여보다 상속받는 게 나은가요?

아파트 2채를 현재 시점에 증여를 하는 것이 상속받는 것보다 낫다. 배우자공제를 최대한 활용하여 아버지의 재산을 상속받으면 상속세는 2억 6,040만 원을 내야하고, 어머니가 상속받은 재산 9억 원을 다시 자녀들이 상속을 받을 때 상속세는 6,510만 원이 발생한다.

상속으로만 받을 경우	
아버지의 재산 상속	상속받은 어머니의 재산 상속
상속세 = 2억 6,040만 원	상속세 = 6,510만 원
총 세금 = 3억 2,550만 원	
아파트 상속 시 취득세 등 추가	

사전 증여 후 상속 시		
아파트 2채 증여	아버지의 재산 상속	증여받은 어머니 아파트 상속
① 어머니 증여세 = 0원 ② 자녀 증여세 = 1인당 475만 원	상속세 = 0원	상속세 = 5,700만 원
총 세금 = 7,125만 원		
아파트 증여와 상속 시 취득세 등 추가		

그러나 아파트 2채를 아버지 생전에 어머니 1채와 자녀 3명에게 1채를 증여하면 증여세 1,425만 원이 발생한다. 나머지 아버지 재산 10억 원에 대해서는 자녀 3명이 모두 상속받으면 상속세는 0원이다.

생전에 증여한 어머니 소유의 아파트가 어머니 사망 시에 8억 5,000만 원으로 상승하여 자녀들이 상속받을 때 상속세는 5,700만 원이 발생한다. 생전 증여로 인하여 발생하는 총 세금은 7,125만 원으로 상속보다는 생전 증여가 세금이 훨씬 적다.

물론 증여에 따른 취득세 등이 발생하는데 기준시가의 4%(또는 3.8%)다.

취득세 등은 상속받을 때도 발생하는데 세율은 증여로 인한 취득세 등보다 낮지만 상속이 늦게 발생하여 취득세 등의 과세표준이 상승하여 세금이 더 클 수 있다.

> **Tip** ▶ **상속세 절세의 기본 원칙**
> • 아버지의 재산을 상속받을 때의 상속세만을 절세하는 것은 의미가 없을 수 있다. 아버지의 재산이 자녀에게 최종 도달할 때까지의 총 세금이 가장 적게 하는 절세방법을 찾아야 바람직하다.

02

상속재산 평가를 높여야
좋은 경우도 있나요?

Q1 사망한 시어머니의 재산은 다음과 같습니다.

> – A 상가 시세 5억 원(기준시가 3억 원), B 상가 시세 5억 원(기준시가 3억 원)
> – 아파트 시세 5억 원, 금융재산 3억 원
> – 시아버지, 아들 1명, 딸 1명

상속재산 중 상가 2채는 기준시가 또는 감정평가(시세)로 신고할 수 있다고 하는데, 상속세 절세를 위해서는 당연히 가격이 낮은 기준시가로 신고해야 하지 않나요? 기준시가보다 높은 시세로 신고하면 어떤 점이 좋은가요?

상속세 절세를 위해서는 당연히 기준시가로 신고해야 하지만 상황에 따라 시세로 신고해야 이익이 되는 경우도 있다. 그 이유는 시세로 신고하면 상속인들이 상가를 매도할 때 양도세를 적게 내기 때문이다. 양도세 차이가 발생하는 근본적인 이유는 상가의 상속세 신고가격이 상속인들의 취득가격이 되기 때문이다.

사례에서 상가를 기준시가 3억 원으로 상속세 신고를 하면 상가의 취득가격은 3억 원이 된다. 만약 상속받은 상가를 5억 원에 매도한다면 매매차익은 2억 원이 발생하고 그에 따라 많은 양도세를 내야 한다.

상속세 신고		취득가	매도가격	매매차익	양도세
기준시가	➡	기준시가(3억 원)	시세(5억 원)	2억 원	납부
시세	➡	시세(5억 원)	시세(5억 원)	0원	0원

그러나 시세 5억 원으로 상속세 신고를 하면 취득가격은 5억 원이 되며, 시세 5억 원에 매도하면 매매차익은 0원으로 양도세를 내지 않아도 된다. 따라서 상속재산을 낮게 평가해서 신고할 때의 상속세 절세액과 높게 평가해서 신고할 때의 양도세 절세액을 비교하여 신고방법을 결정해야 한다.

Q2 사례에서 상가를 기준시가 3억 원으로 신고할 때의 상속세 절세액과 시세 5억 원으로 신고할 때 양도세 절세액은 얼마나 되나요? (상가를 상속일로부터 2년 후 5억 원에 매도한다고 가정합니다.)

상가 2채를 기준시가 3억 원으로 하여 상속세 신고를 하면 3,610만 원의 상속세를 내면 된다. 그런데 시가 5억 원으로 하면 상속재산은 18억 원으로 되고 상속세는 약 7,953만 원 정도가 되어 약 4,343만 원 정도를 더 내야 한다.

구분	상속세	상가 5억 원에 매도 시 양도세	총 세금
기준시가 3억 원으로 상속세 신고 시	3,610만 원 +	약 1억 1,500만 원 =	약 1억 5,110만 원
시가 5억 원으로 상속세 신고 시	약 7,953만 원 +	0원 =	약 7,953만 원

그렇지만 양도세는 반대의 상황이 발생한다. 상가 2채를 기준시가로 상속세 신고한 후 각 5억 원에 매도하면 상속받은 상가의 취득가격은 상속세 신고한 가격 3억 원으로 매매차익은 2억 원(=5억 원-3억 원)이 되어 1채당 약 5,750만 원(2채는 약 1억 1,500만 원)의 양도세를 내야 한다.

이에 반하여 시세 5억 원으로 상속세를 신고하면 매매차익은 0원으로 양도세는 0원이다. 결국 사례의 경우 기준시가 3억 원으로 상속세 신고할 때의 상속세 절세액 약 4,343만 원보다 시세 5억 원으로 상속세 신고할 때 양도세 절세액 약 1억 1,500만 원이 훨씬 크다. 따라서 시세로 신고하는 절세전략을 실행해야 한다.

> **Tip** 상속재산가격을 높이려면 감정평가를 활용해야 한다.
>
> • 상속세 신고 시 상속재산의 가격은 무조건 높일 수 없다. 아파트와 상장 주식 등은 시세를 쉽게 파악할 수 있으므로 해당 시세가 상속재산가격이 된다. 그러나 시가를 파악할 수 없어서 시가보다 낮은 개별공시지가나 기준시가 등으로 상속재산을 신고하는 토지나 상가, 단독주택 등은 기준시가보다 높은 시세로 감정평가하여 신고할 수 있다.

03

자녀에게 저가양도하면
좋은 이유가 무엇인가요?

Q1 시어머니의 재산은 다음과 같습니다. (상가는 5년 전에 3억 원에 매입하였습니다.)

> – 상가 시세 5억 원(기준시가 3억 원), 상가 시세 5억 원(기준시가 3억 원)
> – 아파트 시세 5억 원, 금융재산 3억 원
> – 아들 1명, 딸 1명

시어머니는 재산을 모두 자녀 2명에게 물려주고 싶어 합니다. 생전에 상가 2채를 아들과 딸에게 증여하는 게 더 세금이 적을까요? 아니면 상속으로 물려주는 게 나은가요? 세금이 가장 적게 드는 다른 방법이 있나요? 10년 후 시어머니의 모든 재산의 가격은 현재의 2배가 될 것으로 예상됩니다.

상가 2채를 아들과 딸에게 시세보다 낮은 기준시가 3억 원에 매도하는 방법이 세금이 가장 적다. 10년 후 상속으로 재산을 모두 물려주면 상속재산은 36억 원이 되며, 상속세로 7억 1,192만 원을 내야 한다. 만약 현재 상가 2채를 아들과 딸에게 각각 증여하면 증여세는 1인당 3,600만 원씩 내지만 상속세는 2억 2,230만 원만 납부하면 된다. 상가 2채를 생전에 증여하면 총 세금은 3억 4,630만 원이다. 전 재산 상속보다는 생전에 상가 2채를 증여하는 게 세금이 훨씬 적다.

	상속	증여 후 상속	저가 매도 후 상속
상속세	6억 7,640만 원	2억 2,230만 원	2억 2,230만 원
증여세	–	7,600만 원	–
양도세	–	–	–
상가 취득세	3,552만 원	4,800만 원	5,520만 원
총 세금	7억 1,192만 원	3억 4,630만 원	2억 7,750만 원

그런데 상가 2채를 아들과 딸에게 각각 3억 원에 매도하면 어떨까? 시어머니의 상가 매입가격은 3억 원이고 기준시가인 3억 원에 매도하면 매매차익은 0원이므로 양도세는 0원이다. 10년 후 상속세 2억 2,230만 원만 납부하면 된다. 따라서 자녀에게 상가 2채를 시세보다 낮은 가격으로 매도하는 방법이 가장 세금이 적다.

물론 실무적으로는 기준시가보다 약간 높게 거래하는 것이 일반적이다.

> **Tip 1** 저가양도 시 알아둘 사항

- 자녀에게 상가를 각각 3억 원씩에 저가양도할 때 자녀 2명은 각각 매매대금 3억 원을 실제 지급해야 한다. 저가양도에 있어서 매매대금을 실제 발생시키고 입증해야 한다. 실제 입증하지 못하면 증여에 해당하여 증여세를 내야 하므로 주의해야 한다.

 자녀에게 저가양도를 할 때 양도세를 내야 할 수 있다. 만약 시어머니의 취득가격이 1억 원이라면 자녀에게 3억 원에 저가양도하더라도 매매차익은 2억 원이 발생하여 그에 대한 양도세를 상가 1채당 약 4,867만 원 정도를 내야 한다.

> **Tip 2** 저가양도가 유리한 재산은?

- 시가 파악이 어려워 기준시가로 평가하는 재산으로 양도세가 적게 발생하는 재산을 저가양도하라. 상가나 토지 등과 같이 시가를 파악하기 어려운 재산들로 세법상 기준시가로 평가하도록 한 재산들을 저가양도하는 것이 좋다. 이때 양도세가 얼마나 발생하는지를 체크해야 한다. 만약 양도세가 많이 발생한다면 차라리 증여를 하는 편이 나을 수 있다.

Q2 아파트를 2억 원에 아들에게 매도하면 증여세를 내야 한다고 하는데 그래도 이득인가요? 시어머니는 아파트 1세대1주택 양도세 비과세요건을 갖추었습니다.

증여세를 내야 하지만 전부를 증여하는 것보다 2억 원에 저가양도하는 게 훨씬 세금이 적다. 아파트를 저가양도하지 않고 증여하면 시가 5억 원에 대한 증여세 7,600만 원을 내야 한다. 그러나 2억 원에 저가양도하면 950만 원의 증여세만 내면 된다.

사례와 같이 시가 5억 원인 아파트를 2억 원에 저가매도할 때는 양도세와 증여세를 따져봐야 한다. 시어머니는 1세대1주택 양도세 비과세요건을 갖추었으므로 양도세는 비과세된다. 다음으로 증여에 있어서는 시가(5억 원)와 대가(2억 원)와의 차액(3억 원)이 시가의 30%(=5억 원×30%=1억 5,000만 원)와 3억 원 중 적은 금액(1억 5,000만 원) 이상이면 아래와 같이 계산한 금액(1억 5,000만 원)을 증여재산으로 보아 증여세를 계산한다.

> [증여재산가액]
> = (시가-대가)-적은 금액[시가의 30%, 3억 원 중]
> = (5억 원-2억 원)-적은 금액[1억 5,000만 원, 3억 원 중]
> = 3억 원-1억 5,000만 원
> = 1억 5,000만 원

아들이 부모 등의 직계존속으로부터 10년간 증여받은 재산이 없다면 증여재산공제액은 5,000만 원이다. 따라서 증여재산가격 1억 5,000만 원에서 증여재산공제 5,000만 원을 차감하여 증여세를 계산하면 실제 납부할 증여세는 950만 원이 된다.

> **Tip** 저가양도가 불리한 재산은?
> • 비과세가 안 되는 주택을 저가양도하거나 소득과 재산이 없는 자녀에게 저가양도하면 오히려 손해가 발생할 수 있다.

자녀가 계약한 종신보험은
왜 상속재산에 포함되지 않나요?

Q1 남편이 사망하여 2개의 종신보험에서 수령한 사망보험금은 각각 10억 원씩 총 20억 원입니다. 그런데 10억 원의 사망보험금은 상속재산에 포함되고 10억 원의 사망보험금은 상속재산에 포함되지 않는다고 합니다. 왜 이런 차이가 발생하나요?

2개의 종신보험은 보험계약할 때 보험계약자와 피보험자를 다르게 했기 때문이다. 종신보험과 같은 사망보험상품은 기본적으로 보험계약자가 보험료를 납입하고 피보험자가 사망하면 보험수익자가 보험금을 수령하는 구조로 설계되어 있다.

상품구조	계약자	피보험자	수익자
	보험료 불입 ➡	사망 ➡	사망 보험금 수령
세금			⬇ 상속세 또는 증여세또는 비과세

사망보험상품을 가입할 때는 특히 사망보험금 수령 시 상속세와 증여세 납부문제를 신경써야 한다. 계약자와 피보험자 및 보험수익자의 설계를 어떻게 하는가에 따라 세금차이가 발생하기 때문이다.

'계약자=피보험자'이면 상속세 납부 문제가 발생한다. 계약자와 피보험자를 동일하게 설정하면 사망보험금은 피보험자의 상속재산에 해당하기 때문이다. 따라서 사망보험금을 수령하는 수익자는 상속세를 납부해야 하는 문제가 발생한다. 보험료를 납입한 자는 아버지이며 그에 대한 보험금도 아버지의 재산으로 아버지가 사망하여 아들이 수령하는 사망보험금은 아버지 사망을 원인으로 아버지의 재산이 아들에게 무상으로 이전되는 것으로 상속재산에 포함되어 상속세를 신고납부해야 한다.

계약자	피보험자	수익자		보험금 과세
父	父	子	⇨	상속세

'계약자=아들, 피보험자=아버지, 수익자=아들'이면 세금을 내지 않는다. 이 경우에는 아들이 보험료를 납입하고 보험금을 수령하는 것이므로 사망보험금에 대해서 아무런 세금문제가 발생하지 않는다. 아들이 보험료를 내고 수령하는 보험금은 아들의 재산이기 때문이다.

계약자	피보험자	수익자		보험금 과세
子	父	子	⇨	–

Q2 자녀가 사망보험을 계약하였는 데도 수령한 사망보험금이 상속재산에 포함된다고 합니다. 왜 그런가요?

보험계약자는 아들이지만 실제 보험료 납부자가 아버지이기 때문이다. 보험료를 실제 납부한 자가 아버지라면 아버지의 상속재산에 포함된다.

계약자	피보험자	수익자		보험금 과세
子(납부는 父)	父	子	➡	상속세

현금을 증여받은 후 보험료를 납부할 경우에도 세금문제가 발생한다. 아버지가 아들에게 현금 등의 재산을 증여하고 아들이 증여세를 납부한 후 그 증여받은 재산으로 보험료를 납입하였을 경우 아버지의 사망으로 사망보험금을 수령하면 세금은 어떻게 될까?

위 그림에서 실제 불입자는 아들이고 사망보험금도 아들의 재산에 속하여 아무런 세금을 내지 않아도 되는 결과가 발생한다. 즉, 아버지가 보험료를 직접 납입하건 아들에게 재산을 증여하여 아들이 납입하건 실제 보험료는 아버지가 납입한 것과 동일함에도 불구하고 상속세 또는 증여세를 회피하는 결과가 발생한다. 세법에서는 이런 결과를 방지하기 위해서 재산을 증여한 후 그 증여받은 재산으로 보험료를 납부하는 경우 상속세 또는 증여세를 과세하도록 별도 규정을 두고 있다.

유형	증여자	계약자	피보험자	수익자	보험금 과세
①	父	子	父	子	상속세
②	父	子	母	子	증여세

유형 ①에서 '증여자=피보험자'인 경우 증여자를 피보험자로 하여 증여받은 재산으로 보험료를 납입하는 보험계약에서 증여자인 피보험자가 사망하면 그 사망보험금은 증여자의 상속재산에 해당한다. 따라서 사망보험금을 수령하는 수익자는 상속세를 납부해야 하는 문제가 발생한다.

유형 ②에서 '증여자≠피보험자≠수익자'인 경우(증여자와 피보험자 및 수익자가 서로 다르다면) 증여자가 수익자에게 사망보험금을 증여한 것이므로 수익자는 증여세 신고납부 문제가 발생한다. 사례에서 피보험자인 어머니의 사망으로 수령하는 사망보험금은 아들이 실제 불입한 보험료에 의한 것이나 아버지로부터 증여받은 재산으로 불입한 것이므로 아버지의 재산에 속한다. 따라서 아들이 수령하는 사망보험금은 아버지로부터 증여받은 재산으로 증여세를 신고납부해야 한다.

05
자녀와 손주가 사전증여 받았을 때
상속재산에 합산하는 기간이 다른가요?

Q1 할아버지가 사망하기 6년 전에 증여한 내역은 다음과 같습니다.

- 아버지에게 10억 원 증여
- 손자에게 5억 원 증여

아버지에게 증여한 10억 원은 상속재산에 포함되는데, 손자에게 증여한 5억 원은 상속재산에 포함되지 않는다고 합니다. 왜 그런가요?

아버지는 상속인에 포함되지만 손자는 상속인에 포함되지 않기 때문이다. 상속인에게 사망일 전 10년 이내 증여한 재산과 상속인이 아닌 자(손자 등)에게 사망일 전 5년 이내 증여한 재산은 상속재산에 포함한다. 따라서 아버지에게 6년 전에 증여한 10억 원은 상속재산에 포함되지만 손자에게 6년 전에 증여한 재산 5억 원은 상속재산에 포함되지 않는다.

	10년 이내 증여 ⇒	상속재산에 포함
상속인	10년 전 증여 ⇒	상속재산에 포함 안 됨
상속인 외의 자	5년 이내 증여 ⇒	상속재산에 포함
	5년 전 증여 ⇒	상속재산에 포함 안 됨

Q2 할아버지께서 돌아가셨습니다. 아래 재산을 제외한 상속재산은 20억 원이고 상속공제액은 12억 원입니다.

> – 상황 ① 할아버지 사망일 3년 전에 성년인 손자에게 5억 원 증여
> – 상황 ② 할아버지 사망일 6년 전에 성년인 손자에게 5억 원 증여

상황 ①과 상황 ②에서 상속세의 차이는 얼마인가요?

상황 ①에서 3년 전에 손자에게 증여한 5억 원은 상속재산에 포함하여 납부할 상속세를 계산하면 2억 6,600만 원이다. 그러나 상황 2에서 6년 전에 손자에게 증여한 5억 원은 상속재산에 포함되지 않으므로 1억 7,100만 원의 상속세를 납부하면 된다.

	상황 ①	상황 ②
상속재산가액	25억 원	20억 원
상속공제액	12억 원	12억 원

상속세 과세표준	13억 원	8억 원
산출세액	3억 6,000만 원	1억 8,000만 원
증여세액공제	8,000만 원	–
신고세액공제	1,400만 원	900만 원
납부할 상속세	2억 6,600만 원	1억 7,100만 원
상속세 차이	9,500만 원	

상황 ①에서 손자에게 증여한 5억 원에 대한 증여세는 8,000만 원과 할증과세액 2,400만 원(일반증여세 8,000만 원의 30%)의 합계액 1억 400만 원이다. 그러나 상속세 증여세액공제 시 할증과세액 2,400만 원은 공제받지 못한다.

> **Tip** **손자녀의 상속 시 할증과세는?**
> • 아버지가 생존해 있는 상황에서 손자에게 증여를 하면 증여세가 30% 또는 40% 할증과세된다. 부모가 생존해 있는 상태에서 조부모로부터 손자녀가 증여를 받으면 증여세 산출세액에 30%를 가산하여 내야 한다. 만약 수증자인 손자녀가 미성년자이고 증여재산가액이 20억 원을 초과하면 증여세 산출세액의 40%를 가산하여 내야 한다.

손자에게 사전증여로 절세하려면 일찍 증여(사망일 5년 전에) 해야 한다. 사례에서 손자에게 증여를 하지 않았다면 상속재산은 25억 원으로 상속세는 총 3억 4,200만 원이다. 그런데 손자에게 사망일 5년 전에 증여하였다면 상속세는 1억 7,100만 원이다. 손자에게 증여할 때 증여세 9,880만 원을 합하여 총 2억 6,980만 원이 발생하였으나, 증여하지 않았을 때의 상속세 3억 4,200만 원보다는 7,220만 원 절세된다.

	손자에게 증여(×)	손자에게 사망일 5년 전 증여(○)	손자에게 사망일 5년 내 증여(○)
증여세	0원	9,880만 원	9,880만 원
상속세	3억 4,200만 원	1억 7,100만 원	2억 6,600만 원
총 세금	3억 4,200만 원	2억 6,980만	3억 6,480만 원
차이	7,220만 원		
		9,500만 원	

그러나 손자에게 증여한 후 5년 이내에 할아버지께서 사망하면 손자에게 증여한 재산을 포함하여 총 25억 원에 대해서 2억 6,600만 원의 상속세를 내야 한다. 손자에게 증여할 때 증여세 9,880만 원을 합하면 총 3억 6,480만 원으로 손자에게 증여하지 않았을 때보다 세금이 많다. 손자에게 사망일 5년 전에 증여하였을 때의 총 세금 2억 6,980만 원과 비교하면 9,500만 원의 세금을 더 내야 하는 상황이 발생한다.

'할아버지 → 아들 → 손자'로 재산을 이전하는 경우보다는 '할아버지 → 손자'로 직접 재산을 이전하는 게 낫다.

사례에서 할아버지로부터 손자가 5억 원을 직접 증여받으면 상속세와 증여세로 총 2억 6,980만 원이 발생한다. 그런데 할아버지로부터 아들이 재산을 상속받고 아들이 자녀(손자)에게 증여하면 상속세 3억 4,200만 원과 증여세 8,000만 원이 발생하여 총 세금은 4억 2,200만 원으로 할아버지로부터 손자에게 직접 재산을 이전하는 경우에 비해서 1억 5,220만 원의 세금을 더 내야 한다.

재산 이전 방식	항목별 세금	총 세금
할아버지가 손자에게 5억 원을 직접 증여	증여세: 9,880만 원 상속세: 1억 7,100만 원	2억 6,980만 원
할아버지에게서 아들이 상속받고 아들이 5억 원을 손자(자녀)에게 증여	상속세: 3억 4,200만 원 증여세: 8,000만 원	4억 2,200만 원
차이		1억 5,220만 원

06
배우자가 상속을 포기하는 경우와 받는 경우 상속공제가 다른가요?

Q1 사망한 남편의 상속재산은 30억 원입니다. 아내가 상속을 포기할 경우와 상속을 받는 경우 상속세 차이가 있나요? 차이가 있다면 왜 발생하나요? 가족은 아내와 자녀 2명입니다.

상속세 차이가 발생한다. 그 이유는 배우자공제액이 차이가 있기 때문이다. 사망한 사람의 배우자가 상속을 포기하거나 실제 상속받은 금액이 없거나 상속받은 금액이 5억 원 미만이더라도 배우자 공제액은 5억 원을 적용받는다.

배우자가 5억 원을 초과하여 상속을 받은 경우에 배우자상속공제액은 '실제 상속받은 금액', '배우자 법정상속분', '30억 원' 중 가장 적은 금액으로 한다.

> 배우자공제액 = 가장 적은 금액 [실제 상속받은 금액, 배우자 법정상속분, 30억 원 중]

참고로 배우자법정상속분에서 10년 내 증여한 재산이 있으면 그 증여세 과세표준을 차감한다.

Q2 사망한 남편의 상속재산은 부동산 20억 원과 금융재산 10억 원입니다.

- 상황 ① 아내가 상속을 포기할 경우 상속세
- 상황 ② 아내가 상속을 받는 경우 상속세

상황 ①과 상황 ②에서 배우자공제액은 얼마인가요?

상황 ①과 상황 ②의 상속세는 각각 얼마인가요? 공과금등은 없고, 자녀 등의 공제는 5억 원(일괄공제)이라고 가정합니다.

상황 ①에서 배우자공제액은 5억 원이고 상황 ②에서의 배우자공제액은 30억 원 이내에서 법정상속분까지 공제가능하다. 법정상속분은 약 12억 8,571만 원이다.

	계산구조	상황 ① 상속재산 30억 원	상황 ② 상속재산 30억 원
−	공과금 · 장례비용 · 채무	0원	0원
−	상속공제	12억 원 (배우자공제: 5억 원)	약 19억 8,571만 원 (배우자공제: 약 12억 8,571만 원)
=	과세표준	18억	약 10억 1,429만 원
×	세율		
=	산출세액	5억 6,000만 원	약 2억 4,571만 원

−	세액공제	2,800만 원	약 1,229만 원
=	납부할 세액	5억 3,200만 원	약 2억 3,342만 원

배우자공제를 최대한 활용하면 당장의 상속세는 절세가 되지만 다시 자녀에게 상속될 때 상속세를 내야 함에 주의해야 한다.

위 그림처럼 어머니가 아버지로부터 12억 원을 상속받은 후 다시 어머니 재산 12억 원이 자녀에게 상속될 때 상속세를 내야 한다. 만약 앞의 사례에서 남편이 사망하여 아내가 법정상속분(약 12억 8,571만 원)을 상속받은 후 10년이 지나서 아내도 사망하여 자녀가 상속받을 때 납부할 상속세는 약 1억 6,692만 원이 된다.

남편 사망으로 최초 내야 하는 상속세 약 2억 3,342만 원과 아내 사망 시 내야 하는 상속세 약 1억 6,692만 원을 합해도 약 4억 34만 원으로 배우자(아내)가 상속포기하는 세금 5억 3,200만 원보다는 적어 절세효과가 있다.

계산구조		배우자상속 포기 시	배우자 법정상속 후 배우자 사망 시	
			남편 사망 시	아내 사망 시
	상속재산	30억 원	30억 원	약 12억 8,571만 원
−	공과금·장례비용·채무	0원	0원	0원
−	상속공제	12억 원 (배우자공제 5억 원)	약 19억 8,571만 원	5억 원
=	과세표준	18억	약 10억 1,429만 원	약 7억 8,571만 원
×	세율	40%	40%	30%
=	산출세액	5억 6,000만 원	약 2억 4,571만 원	약 1억 7,571만 원
−	세액공제	2,800만 원	약 1,229만 원	약 879만 원
=	납부할 세액	5억 3,200만 원	약 2억 3,342만 원	약 1억 6,692만 원

피상속인의 배우자의 재산이 많다면 법정상속분까지 배우자공제를 받기보다는 배우자상속을 포기하는 게 나을 수 있다.

앞의 사례에서 아내의 재산이 20억 원이 있는 상황에서 남편이 사망하여 아내가 법정상속분까지 상속을 받았다면 어떻게 될까? 아내가 남편 사망 후 10년이 지나 사망한다면 내야 하는 상속세는 총 9억 657만 원이다.

만약 아내가 남편 사망 시 상속을 받지 않았다면 아내의 사망 시 상속세는 재산 20억 원에 대해 4억 1,800만 원만 내면 되었는데 남편 재산을 상속받아 4억 8,857만 원으로 증가되었다. 결국 남편 재산에 대한

상속세는 배우자상속 포기할 때의 세금 5억 3,200만 원보다 훨씬 많은
7억 2,199만 원으로 오히려 손해다.

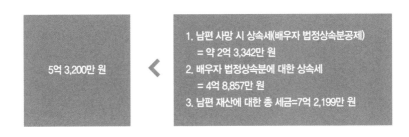

07
부의금은 상속재산에 포함되나요?

Q1 아버지의 사망으로 부의금이 2억 원 들어왔습니다. 부의금은 상속재산에 포함되나요?

부의금은 상속재산에 해당하지 않는다. 따라서 부의금 2억 원에 대해서는 상속세가 과세되지 않는다. 국세청은 피상속인의 사망으로 인하여 문상객으로부터 받는 부의금은 피상속인에게 귀속되는 재산에 해당하지 않는다고 해석하며, 그에 따라 부의금은 상속세를 내지 않아도 된다.

Q2 아버지의 사망으로 들어온 부의금은 아무런 세금도 내지 않나요?

부의금은 피상속인의 상속재산에 포함되지 않지만 상속인의 증여재산에 포함될 수 있다. 국세청은 부의금은 피상속인의 상속재산이 아니라 상속인이 문상객으로부터 증여받은 재산에 해당하는 것이며, 사회통념상 통상 필요하다고 인정되는 금품에 해당하면 증여세를 비과세한다고 해석하고 있다. 따라서 부의금 중 사회통념상 통상 필요하다고 인정되는 금액은 증여세를 비과세하지만 초과하는 금액은 증여세를 내야 한다.

08

사망하기 전 예금을 인출하면
상속세가 줄어드나요?

Q1 연로하신 아버지께서 병원에 입원치료 중인데 임종이 얼마 남지 않았습니다. 주변에서 아버지의 임종 전 예금을 인출하라고 합니다. 그러면 상속세가 줄어든다고 하는데 정말 그런가요?

상속세 조사과정에서 인출한 예금이 전부 확인되면 전부 상속재산에 포함된다. 이 경우 상속세가 줄어들지 않는다. 피상속인(아버지) 계좌에서 인출한 금액이 사망일(상속개시일) 전 1년 이내에 2억 원 이상이거나 또는 2년 이내에 5억 원 이상인 경우에는 사용처를 입증해야 한다. 만약 객관적으로 용도가 분명치 않으면 세법에 따라 계산한 금액을 상속재산에 포함하는데, 이때는 인출한 금액 전부가 아닌 일부가 상속재산에 포함된다.

Q2 아버지의 예금계좌에서 8억 원을 1년간 인출하던 중 아버지께서 돌아

가셨습니다. 인출한 예금 8억 원 중 1억 8,000만 원은 아버지의 부동산 취득에 사용하였고, 2,000만 원은 병원비 등에 사용하였습니다. 나머지 6억 원은 사용처가 불분명합니다. 인출한 예금 8억 원 중 상속재산에 포함되는 금액은 6억 원인가요?

상속재산에 포함되는 금액은 4억 4,000만 원이다. 인출한 예금 중 사용처가 불분명한 6억 원이 전부 상속재산에 포함되는 것은 아니다. 인출금액 중 사용처가 불분명한 금액이 '인출금액의 20%'와 '2억 원' 중 적은 금액 이상이면 아래의 계산식으로 상속재산에 포함한다.

> [상속재산에 포함되는 금액]
> = 사용처 불분명한 금액 – 적은 금액[인출금액 × 20%, 2억 원]

사례의 경우 아래와 같이 사용처가 불분명한 금액(6억 원)에서 '인출금액(8억 원)의 20%'와 '2억 원' 중 적은 금액(1억 6,000만 원)을 차감한 금액(4억 4,000만 원)을 상속재산에 포함한다.

> [상속재산에 포함되는 금액]
> = 사용처 불분명한 금액(6억 원) – 적은 금액[인출금액(8억 원) × 20%, 2억 원]
> = 6억 원 – 1억 6,000만 원
> = 4억 4,000만 원

Q3 아버지의 예금계좌에서 1억 5,000만 원을 1년간 인출하던 중 아버지께서 돌아가셨습니다. 1억 5,000만 원은 소명할 필요도 없고 상속재산에 포함도 되지 않는가요?

사망 1년 전에 인출한 금액이 2억 원 미만이므로 용도를 입증해야 하는 대상이 아니고 상속재산으로 추정되지도 않는다. 그러나 상속세 조사과정에서 증여 등이 확인되면 상속세를 부과하게 된다.

09

사망하기 전 재산을 처분하면
상속세가 줄어드나요?

Q1 아버지께서 사망하기 1년 전에 상가를 11억 원 매도하여 자녀들에게 현금으로 주셨습니다. 아버지께서는 상속세가 줄어든다고 생각하여 그랬는데 정말인가요?

상속세 조사과정에서 처분한 재산의 용도가 확인되면 전부 상속재산에 포함된다. 이 경우 상속세가 줄어들지 않는다. 피상속인(아버지)이 사망일(상속개시일) 전 1년 이내에 처분한 부동산이 2억 원 이상이거나 또는 2년 이내에 5억 원 이상인 경우에는 사용처를 입증해야 한다. 만약 객관적으로 용도가 분명치 않으면 세법에 따라 계산한 금액을 상속재산에 포함하는데, 이때는 처분한 재산 전부가 아닌 일부가 상속재산에 포함된다.

Q2 아버지의 상가 처분금액 11억 원 중 2억 원은 은행에 예치되어 있고 2억 원은 대출금 상환, 1억 원은 양도세로 납부하였습니다. 나머지 6억 원

은 사용처가 불분명합니다. 이럴 경우 상속재산에 포함되는 금액은 6억 원인가요?

상속재산에 포함되는 금액은 4억 원이다. 부동산 처분 금액 중 사용처가 불분명한 6억 원이 전부 상속재산에 포함되는 것은 아니다. 부동산 처분 금액 중 사용처가 불분명한 금액이 '처분금액의 20%'와 '2억 원' 중 적은 금액 이상이면 다음의 계산식으로 상속재산에 포함한다.

[상속재산에 포함되는 금액]
= 사용처 불분명한 금액 – 적은 금액[처분금액 × 20%, 2억 원 중]

사례의 경우 사용처가 불분명한 금액(6억 원)에서 '처분금액(11억 원)의 20%'와 '2억 원' 중 적은 금액(2억 원)을 차감한 금액(4억 원)을 상속재산에 포함한다.

[상속재산에 포함되는 금액]
= 사용처 불분명한 금액(6억 원) – 적은 금액[인출금액(11억 원) × 20%, 2억 원 중]
= 6억 원 – 2억 원
= 4억 원

10

며느리나 사위에게 증여하면 상속세가 줄어드나요?

Q1 시아버지께서 재산을 자녀 2명에게 물려주고 싶어 하시는데 전 재산 상속보다는 생전에 미리 일부 재산을 증여하는 게 세금이 적다고 하여 재산을 증여하려고 합니다. 가족은 다음과 같습니다.

- 아들과 며느리
- 딸과 사위

아들과 딸에게 증여를 하면서 며느리와 사위에게도 증여하는 게 나은지 고민입니다.

며느리와 사위에게 증여하면 상속재산이 줄어들어 상속세도 줄어든다. 며느리와 사위는 상속인 외의 자에 해당되어 사망일 전 5년 전에 증여한 재산은 상속재산에 포함되지 않는다. 만약, 며느리와 사위에게 증여한 후 5년 이내에 시아버지가 사망하면 며느리와 사위에게 증여한 재산도 상속재산에 포함된다.

반면에 아들과 딸은 상속인에 해당되어 사망일 전 10년 이내에 증여한 재산은 상속재산에 포함되어 며느리와 사위와는 차이가 있다.

Q2 시아버지의 재산이 30억 원으로 다음과 같습니다. 10년 후 전 재산은 2배로 증가하여 60억 원이 될 것으로 예상됩니다.

> – 상가 2채: 1채당 시세 5억 원(기준시가 3억 원)
> – 아파트 2채: 1채당 시세 5억 원(기준시가 4억 원)
> – 금융재산: 10억 원
> – 가족은 아들과 며느리, 딸과 사위 4명이다.

상황 ① 생전 증여를 하지 않고 10년 후 재산 60억 원을 전부 상속할 경우 상속세는 얼마인가요?

상황 ② 아들과 딸에게만 아파트 1채씩 증여하고 10년 후 남은 재산을 상속할 경우 상속세는 얼마인가요?

상황 ③ 아들과 딸에게는 아파트 1채씩, 며느리와 사위에게는 상가 1채씩을 증여하고 10년 후 남은 금융재산을 상속할 때 상속세는 얼마인가요?

상황 ①처럼 생전 증여를 하지 않고 10년 후 재산을 모두 상속하면 상속재산은 52억 원(상가는 기준시가로 신고)으로 납부할 상속세는 16억 5,870만 원(신고세액공제액은 2019년 이후 3% 적용)이 된다.

	상황 ①	상황 ②		상황 ③	
증여세	–	1억 5,200만 원	아들, 딸	1억 5,200만 원	아들, 딸
				9,120만 원	사위, 며느리
취득세	–	3,200만 원	아들, 딸	3,200만 원	아들, 딸
				2,400만 원	사위, 며느리
상속세	16억 5,870만 원	8억 1,480만 원		3억 4,920만 원	
총 세금	16억 5,870만 원	9억 9,880만 원		6억 4,840만 원	

상황 ②의 경우 아들과 딸이 아파트 1채씩을 증여받으면 증여세 1억 5,200만 원(1명당 7,600만 원)과 취득세 3,200만 원(1채당 1,600만 원)이 발생하지만 상속세는 8억 1,480만 원으로 총 세금은 9억 9,880만 원으로 상황 ①보다는 훨씬 절세가 된다.

상황 ③은 아들과 딸이 아파트 1채씩, 사위와 며느리가 상가 1채씩을 증여받으면, 증여세는 2억 4,320만 원, 취득세는 5,600만 원이 발생하지만 상속재산은 20억 원으로 대폭 줄어들어 상속세는 3억 4,920만 원만 납부하면 된다. 총 세금은 6억 4,840만 원으로 가장 적은 세금이 발생한다. 며느리와 사위에게 증여하면 상속재산이 줄어들고 그에 따라 상속세도 줄어드는 효과를 볼 수 있다.

며느리와 사위에게 증여한 상가를 다시 아들과 딸에게 증여하면 어떻게 될까?

• 며느리와 사위에게 상가를 증여할 때 증여세는 기준시가 3억 원으로 하여 신고납부하였다. 며느리와 사위에게 증여한 상가를 아들과 딸에게 증여하면 증여세는 어떻게 될까?

며느리와 아들, 사위와 딸은 부부관계로 증여세법상 부부간에는 10년간 6억 원 이내에서 증여하더라도 증여세는 없다. 따라서 며느리와 사위에게 증여한 상가를 기준시가 6억 원 이내에서 다시 아들과 딸에게 증여하면 증여세는 없게 된다.

이 경우 기준시가의 4%의 취득세 등을 추가로 내야 함에 주의해야 한다.

11
양도세를 내지 않으려면
몇 개월 내에 매매계약을 해야 하나요?

Q1 어머님께서 임종하셨습니다. 어머님 재산은 상가 1채뿐이며 시세는 7억 원(기준시가 3억 원)입니다. 가족은 아버지와 아들 2명입니다. 상가를 매도하면 절세가 된다고 하는데 어떤 세금이 절세가 되며, 언제 얼마에 매도해야 하나요?

상가를 사망일로부터 6개월 이내에 매매계약을 체결하여 시세(7억 원)대로 매도하면 양도세가 절세가 된다. 상속재산인 상가를 시세(7억 원)대로 매도하면 상가의 상속재산가액은 7억 원이 되는데, 이 말은 상속인의 상가 취득가격이 7억 원이라는 뜻이다. 상속인은 상가를 7억 원에 취득하여 7억 원에 매도하므로 매매차익은 0원이고 그에 따라 양도세는 0원이 된다.

상속세 신고가격	=	양도세 취득가격

따라서 부동산을 6개월 이내에 매매계약을 체결하여 매도하면 양도세를 절세할 수 있게 된다.

	상가를 6개월 내 매도 시	상가를 기준시가 3억 원으로 신고 시
상속재산	7억 원	3억 원
상속세	0원	0원
양도세	0원	1억 4,696만 원
총세금	0원	1억 4,696만 원

상속재산가액은 시가로 결정하는데, 시가를 파악하기 어려운 경우에는 별도로 보충적 평가방법(개별공시지가 등)으로 가격을 결정한다. 아파트나 상장주식 등과 같이 시세가 쉽게 확인되는 재산과는 달리 상가나 토지, 비상장주식 등은 사실상 시가를 파악하기 어려운 재산들은 개별공시지가 등의 보충적 평가방법으로 상속재산가격을 결정한다. 이렇게 보충적 평가방법을 적용하는 재산들도 사망일로부터 6개월 전후로 거래가액 등이 있는 경우에는 해당 거래가액 등을 시가로 보아 해당 재산의 상속재산가격으로 한다.

다음의 ①~③ 중 어느 하나의 가격이 있는 경우에는 해당 가격을 시가로 보아 상속재산가격을 결정한다.

① 거래가액: 사망일 전후 6개월 이내에 매매계약을 체결한 경우
② 감정가액: 사망일 전후 6개월 이내에 가격산정기준일과 감정가액 평가서 작성일이 있는 경우
③ 수용보상가격 · 공매가격 · 경매가격: 사망일 전후 6개월 이내에 보상가액 · 공매가액 · 경매 가액이 결정된 날일 있는 경우

Q2 어머님의 상가를 제외한 상속재산이 50억 원이고 공과금과 채무 및 장례비용이 3억 원이고 상속공제액이 12억 원입니다. 이런 경우에 기준시가 3억 원인 상가를 사망일로부터 6개월 이내에 7억 원에 매도하면 절세가 되나요?

양도세는 절세가 되어 0원이지만 상속세가 늘어나서 절세효과는 오히려 마이너스(-)다. 상가를 6개월 이내에 7억 원에 매도하면 상속재산은 50억 원에서 57억 원으로 증가하며, 그에 따라 상속세는 14억 8,200만 원이 된다. 물론 양도세는 0원이다.

	상가를 6개월 내 매도 시	상가를 기준시가 3억 원으로 신고 시
상속재산	57억 원	53억 원
상속세	14억 8,200만 원	12억 9,200만 원
양도세	0원	1억 4,696만 원
총세금	14억 8,200만 원	14억 3,896만 원

상가를 사망일로부터 6개월 내 매도하지 않고 기준시가 3억 원을 신고한 후 1년이 지난 후 7억 원에 매도하면 어떻게 될까? 상속재산은 53억 원으로 상속세는 12억 9,200만 원이고, 양도세는 1억 4,696만 원으로 총 세금은 14억 3,896만 원으로 상가를 6개월 이내 매도하는 것보다 세금 적다.

> **Tip** 양도세와 상속세를 비교한 후 사망일로부터 6개월 내 매도할지 여부를 결정하라.
>
> • 사망일로부터 6개월 이내 매도할 것인가에 대한 의사결정기준은 매도했을 때의 상속세와 매도하지 않았을 때의 상속세와 양도세를 비교하여 결정해야 한다.

12
아파트는 주택공시가격으로
평가해서 신고하면 안 되나요?

Q 사망한 남편의 재산 중에는 아파트가 있는데, 아파트의 공시가격은 5억

원입니다. 매매시세는 7~8억 원 정도입니다. 아파트를 공시가격으로 상속재

산신고하면 안 된다고 해서 아파트 시세로 상속재산신고를 하였습니다. 아파

트는 공시가격으로 신고를 하면 안 되고 무조건 시세로 해야 하나요?

아파트는 사망일 전후 6개월 이내의 매매사례가액으로 신고를 해야 하

는데, 사망일 전후 6개월 이내의 매매사례가액이 없으면 공시가격으로

상속재산신고를 할 수 있다. 여기서 매매사례가액은 원칙적으로 사망일

전후 6개월 이내에 '같은 단지 내에 있는 아파트로 주거전용면적의 차이

가 5% 이내이고 공동주택가격의 차이가 5% 이내인 아파트의 매매사례

가액'을 말한다.

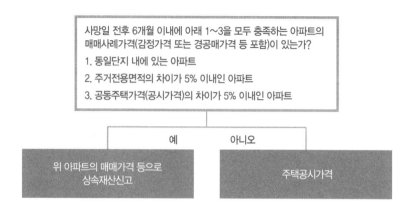

사망일 전후 6개월 이내에 아래 1~3을 모두 충족하는 아파트의 매매사례가격(감정가격 또는 경공매가격 등 포함)이 있는가?
1. 동일단지 내에 있는 아파트
2. 주거전용면적의 차이가 5% 이내인 아파트
3. 공동주택가격(공시가격)의 차이가 5% 이내인 아파트

예   아니오

위 아파트의 매매가격 등으로
상속재산신고

주택공시가격

만약 상속재산에 포함된 아파트와 동일단지 내에 있더라도 주거전용면적의 차이가 5%를 넘거나 공동주택가격의 차이가 5%를 초과한다면 해당 아파트의 매매사례가액은 6개월 이내에 있더라도 상속재산의 가격으로 신고할 수 없다. 앞의 그림상 세 가지 요건을 모두 충족하는 매매사례가액이 없는 경우에는 상속재산의 공동주택가격(공시가격)으로 상속재산신고를 할 수 있다.

Tip 사망일로부터 6개월 전부터 2년 이내의 기간 중 매매사례가액 등이 있는지 확인해야 상속세 추징을 당하지 않는다!

- 동일단지 내 있는 아파트로 주거전용면적의 차이가 5% 이내이고 공동주택 가격의 차이가 5% 이내인 아파트가 있다면 해당 아파트의 매매사례가액은 사망일로부터 6개월 전후만 확인해서는 안 된다. 세무서는 평가심의위원회의 심의를 거쳐 사망일 전 2년 이내의 기간 중에 해당 아파트의 매매사례가액을 상속재산가격으로 보아 상속세를 추징할 수 있기 때문이다.

공시가격으로 상속재산신고를 한 경우 인정한 심판례가 있다. "청구인이 당초 신고한 상속아파트의 시가평가액이 유사아파트의 비교대상 기간 이내의 구체적 매매사례가액을 참고한 것이 아니라 금융기관 아파트 시세표상의 임의적 산정가액으로 이를 시가로 보기 어려운 점, 처분청이 적용한 비교아파트는 상속아파트와 층수, 공동주택 공시가격 등에 차이가 있어 이를 유사매매사례가액으로 보기 어려운 점, 기타 상속아파트와 위치·공동주택 공시가격 등이 동일하거나 유사한 다른 아파트의 매매사례가액 등 달리 상속아파트의 시가로 볼만한 가액이 확인되지 아니하는 점을 고려하면 상속아파트의 시가는 상속세 및 증여세법 제61조 제1항 제4호에 규정하는 공동주택가격으로 평가하는 것이 타당하다고 판단된다"고 하여 공동주택가격으로 상속재산의 신고를 인정하였다.

공시가격을 부인하고
매매사례가액을 시가로 본 심판례

사례 12(221쪽)의 공시가격 건 과세관련 자료에 의하면 다음의 사실이 나타난다.

청구인은 2006년 11월 22일 쟁점아파트의 지분 2분의 1을 증여받고, 쟁점아파트의 증여재산가액을 국민은행 아파트 시세변동표의 2006년 9월 가격 등을 참고하여 230,000천 원(총 460,000천 원의 50%)으로 평가하여 증여세를 신고·납부하였고, 처분청은 2006년 10월 25일 매매계약을 체결한 쟁점아파트와 같은 동으로 9층에 소재한 비교아파트의 매매사례가액인 299,500천 원(총 599,000천 원의 50%)을 쟁점아파트의 시가로 평가하여 이 건 증여세를 과세하였는바, 쟁점아파트 및 비교아파트의 비교내역은 〈표 1〉과 같다.

국민은행이 조사한 쟁점아파트 단지 내의 아파트 시세변동표에 의하면 동 단지 내의 아파트 시세는 〈표 2〉와 같다.

청구인이 제시한 국토해양부의 부동산거래관리시스템 자료에 의하면, 쟁점아파트 단지 내의 실지거래내역은 〈표 3〉과 같다.

〈표 1〉 쟁점아파트 및 비교아파트 비교내역

(단위: 천 원)

구분		1303호(쟁점아파트)	904호(비교아파트)	비 고
기본 사항	해당층(최고층)	13층(15층)	9층(15층)	
	위치	남향	남향	
	전용면적	75.24㎡	75.24㎡	
매매 사례	계약일자	평가기준일 2006. 11. 22.	2006. 10. 25.	
	매매가액		599,000	
기준 시가	2006. 4. 28.	273,000	262,000	
	2007. 4. 30.	457,000	439,000	
	2008. 4. 30.	408,000	391,000	

〈표 2〉 쟁점아파트 단지 내의 아파트 시세변동표

(단위: 천 원)

기준월	매 매			
	하한가	일반거래가	상한가	변동액
2006. 1.	38,250	39,500	40,750	1,500
2006. 8.	44,000	45,000	46,000	250
2006. 9.	46,000	46,750	48,000	1,860
2006. 10.	55,500	57,000	59,000	10,210
2006. 11.	61,250	63,000	64,000	5,750
2006. 12.	62,500	63,750	64,500	820
2007. 1.	62,000	63,250	64,000	△500
2007. 2.	60,500	61,750	62,500	△1,500
2007. 3.	59,250	60,500	61,250	△1,250
2008. 6.	54,250	55,250	56,750	△1,140

〈표 3〉 국토해양부 부동산거래관리시스템 자료내역 (단위: 천 원)

기 간	2006. 9.		2006. 10.		2006. 11.		2006. 12.	
	거래금액	층수	거래금액	층수	거래금액	층수	거래금액	층수
1–10일	463,000	12	–	–	–	–	625,000	4
11–20일	–	–	545,000	8	678,000	8	–	–
21–30(31)일	483,000	12	570,000	11				
			599,000	9	–	–	–	–
	490,000	11	598,000	8				

쟁점아파트의 시가를 평가함에 있어서 2006년 10월 25일 매매계약이 체결된 비교아파트의 매매사례가액을 시가로 볼 것인지, 아니면 2006년 9월 중의 매매사례가액 등을 시가로 인정할 것인지 이에 대하여 본다.

청구인과 청구인의 세무대리인 정ㅇㅇ은 국세심판관회의(2008. 10. 2.)의 의견진술을 통하여, 〈표 2〉 및 〈표 3〉에서 보듯이 쟁점아파트의 증여일(2006. 11. 22.)로부터 2개월 전부터 가격이 급등하였고, 증여일로부터 2개월 후부터는 다시 안정(하락)되어 가고 있는 점 등에 비추어 시세가 급등한 기간 중의 매매사례가액을 시가로 보는 것은 부당하다고 하면서 아파트 시세가 안정적이던 2006년 9월 중의 거래가액도 세법상 시가로 인정되는 매매사례가액에 해당하는 점에 비추어 청구인이 신고한 가액을 시가로 인정하여야 한다는 내용의 의견진술을 하였다.

그러나 상속세 및 증여세법 제60조 및 같은 법 시행령 제49조에서 정한 시가라 함은 평가기준일 전·후 3월 이내의 기간 중 매매·감정·수용·경매 또는 공매가 있는 경우에 확인되는 가액이고 매매사례에 의한 가액이 2 이상인 경우에는 평가기준일을 전후하여 가장 가까운 날에 해당하는 가액을 시가로 보도록 규정하고 있다.

처분청이 쟁점아파트의 시가로 본 비교아파트는 〈표 1〉에서 보듯이 같은 층이 아닌 9층이기는 하나, 쟁점아파트의 수증일로부터 1개월 이내에 매매계약이 체결된 것이고, 쟁점아파트와 같은 단지의 아파트로서 면적, 용도(주택), 위치 방향 등이 동일하고 비교아파트의 기준시가가 쟁점아파트의 기준시가보다 낮게 평가된 점을 감안할 때, 비교아파트의 매매가액은 쟁점아파트의 시가를 적정하게 반영한 것으로 보이고, 위 세법 규정상 증여일을 전후하여 가장 가까운 날에 해당하는 가액을 시가로 보도록 한 점에 비추어 청구인이 불합리하게 높은 매매사례가액을 적용받았다고 보기는 어렵다고 판단된다. 그러므로 처분청이 비교아파트의 매매가액을 쟁점아파트의 증여재산가액으로 평가하여 증여세를 과세한 이 건 처분은 잘못이 없다고 판단된다.

13

상속세를 혼자 부담하면
다른 상속인에게 증여세가
부과되지 않나요?

Q1 아버지의 사망으로 장남과 차남 및 어머니 3명이 상속을 받았고 상속세는 50억 원입니다. 상속세는 혼자 부담해도 다른 상속인에게 증여세가 부과되지 않는다고 들었습니다. 만약, 상속세 50억 원을 장남이 모두 납부해도 차남과 어머니에게 증여세가 과세되지 않나요?

차남과 어머니는 증여세를 내야 한다. 증여세를 부담하지 않으려면 장남이 상속받은 재산 한도 내에서 장남이 상속세를 납부한 경우여야 한다. 공동상속의 경우 상속인 또는 수유자(사인증여의 수증자를 포함)는 상속재산(사전증여재산 포함) 중 각자가 받았거나 받을 재산의 점유비율에 따라 상속세를 납부할 의무가 있다. 이 경우 상속세는 각자가 받았거나 받을 재산을 한도로 연대하여 납부할 의무를 진다. 이때 공동상속인이 각자의 지분을 한도로 하여 연대납세의무를 부담하는 데 있어 각자 받았거나 받을 상속재산의 한도 내에서 다른 상속인의 상속세를 대신 납부한 경우에는 증여세가 부과되지 않으나, 한도를 초과하여 납부한 경우에는 증여세가 과세된다.

(Q2) 상속인별 상속받은 재산 및 분담세액은 다음과 같습니다.

상속인	상속받은 재산	1인당 상속세 분담세액
어머니	60억 원	24억 원
장남	30억 원	12억 원
차남	30억 원	12억 원
합계	120억 원	48억 원

상황 ① 장남과 차남이 상속세를 체납하여 어머니가 상속세 48억 원을 모두 납부한 경우 장남과 차남의 증여세는 얼마인가요?

상황 ② 어머니와 차남이 상속세를 체납하여 장남이 상속세 48억 원을 모두 납부한 경우 어머니와 차남의 증여세는 얼마인가요?

상황 ①에서 어머니가 상속세 48억 원을 모두 납부하여도 장남과 차남에게는 증여세가 부과되지 않는다. 어머니는 상속받은 재산 60억 이내에서 상속세 연대납부의무가 있다. 어머니 자신의 상속세 분담액 24억 원과 다른 상속인(장남과 차남)이 납부해야 할 상속세 24억 원을 포함한 상속세 48억 원은 상속받은 재산 60억 원 이내이므로 장남과 차남의 상속세를 대신 납부하였더라도 장남과 차남에게는 증여세를 부과하지 않는다.

상황 ②는 상황 ①과는 다르다. 장남이 상속받은 재산은 30억 원이고 상속세 납부액은 48억이다. 장남의 연대납부의무한도액은 상속받은 재산 30억 원이므로 30억 원을 초과하는 18억 원에 대해서는 어머니와 차남이 증여세를 내야 한다.

14

사전증여재산만 있는 경우 상속인이 모두 상속을 포기하면 어떻게 되나요?

Q 사망하신 아버지께서 남긴 재산은 없어서 상속을 포기하려고 합니다. 아버지는 돌아가시기 3년 전에 자녀 3명에게 각각 5억 원씩 증여하였습니다. 증여세는 세무서에 신고납부하였습니다. 사망일 현재 가족은 자녀 3명뿐인데 자녀 3명 모두 상속을 포기하면 상속재산이 없으니 상속세는 내지 않아도 되나요?

피상속인(아버지)의 재산이 없어서 상속인들(자녀 3명)이 상속을 모두 포기하더라도 상속세 1억 1,640만 원을 내야 한다. 사망일 3년 전에 자녀 3명에게 증여한 15억 원이 있기 때문이다. 상속인의 경우 사망일 전 10년 이내에 증여한 재산은 상속재산에 포함하여 상속세를 계산해야 한다. 물론 이미 납부한 증여세는 증여세액으로 공제를 받을 수 있다.

사망일 전 10년 이내에 증여한 재산을 포함하여 상속재산가액을 계산해야 한다. 자녀 3명에게 각 5억 원씩 증여하였으므로 상속재산가액은

15억 원이다.

계산구조		사례
		상속재산 15억 원
−	공과금 · 장례비용 · 채무	0원
−	상속공제	1억 5,000만 원
=	과세표준	13억 5,000만 원
×	세율	40%
=	산출세액	3억 8,000만 원
−	세액공제	2억 4,000만 원
=	납부할 세액	1억 3,300만 원

상속공제액은 다음의 표 ①과 ② 중 적은 금액을 한도로 한다. 사례에서 사전증여재산을 포함한 상속재산은 15억 원이고 증여재산도 15억 원이다. 증여재산공제액은 1인당 5,000만 원으로 총 1억 5,000만 원이다.

상속세 산출세액은 3억 8,000만 원에서 증여세액 2억 4,000만 원을 공제받을 수 있다. 최종 납부세액은 1억 1,640만 원이 된다.

[①과 ② 중 적은 금액을 한도로 한다.]

① 일괄공제 5억 원

② 상속재산－(증여재산합계액－증여재산공제액의 합계액)

　=15억 원－(15억 원－1억 5,000만 원)

　=1억 5,000만 원

따라서 상속세 과세표준은 13억 5,000만 원이고 산출세액은 3억 8,000만 원이다. 산출세액에서 증여세액공제액 2억 4,000만 원을 차감한 후 신고세액공제 5%를 차감하면 납부할 상속세는 1억 3,300만 원이다.

15

차명예금도 상속재산에
포함되나요?

Q 아버지가 돌아가시기 전 자녀와 어머니 명의로 여러 개의 예금을 들었습니다. 자녀와 어머니 명의의 예금도 상속재산에 포함되나요?

피상속인(아버지)이 상속인 등 타인의 명의로 예금한 금전은 상속재산에 포함되어 상속세가 과세된다. 이 경우 당초 피상속인이 사망일 전에 상속인 등의 명의로 예금한 금전이 단순히 상속인 등의 명의만을 빌려서 예치한 것이라면 증여세는 과세 없이 상속재산에만 포함된다. 그러나 상속인 등에게 증여한 것이라면 증여재산으로 보아 증여세를 추징하고 사전증여재산(상속인 등에게 사망일 전 10년 이내 증여)에 해당하면 상속재산에 가산하여 상속세를 부과한다.

〈국세청 추징 사례〉

서울 △△동 등 3곳의 부동산을 소유한 고령인 강○○(84세)은 사후 자녀의
상속세 부담을 줄일 목적으로 1999년 이전부터 자녀, 사위 등 4인 명의로
수십억 원을 은행에 분산하여 예치하다가 자녀 등 4인에게 동 예금으로 ○
○구 ○○빌딩을 38억 원에 사주고도, 이에 대한 증여세를 신고누락하였다.
이후 자녀 등은 2007년 강○○가 사망하면서 남긴 예금 42억 원을 인출하
여 사용하였음에도 상속세 신고를 누락하였다.

이 사례는 국세청에서 적발한 실제 사례다. 고령의 재산가 강○○은 사
후에 변칙적으로 자녀들에게 재산을 물려주기 위해 10년 전부터 여러
개 차명계좌로 80억 원을 분산·관리하면서, 자녀들에게 빌딩을 사주고
증여세 등을 탈루하였다.

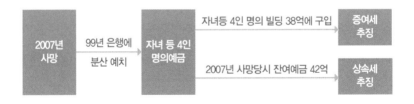

국세청은 건물 취득자금(38억 원) 수증에 대한 증여세 14억 원과 상속재
산(예금 42억 원) 누락에 대한 상속세 18억 원 추징하였다.

16

정기금 평가를 하면
왜 상속재산평가가 낮아지나요?

Q1 아버지가 가입한 연금보험은 다음과 같습니다.

> – 계약자: 아버지 / 피보험자: 아들 / 수익자: 아버지
> – 아들이 사망 시까지 아버지가 연금을 수령

만약 아버지가 연금을 수령하다가 사망하였고, 해당 연금보험의 계약자와 수익자를 아들로 변경하여 아들이 계속 연금을 수령한다면 매년 수령하는 연금은 상속재산인가 아니면 증여재산인가요?

아버지가 가지고 있던 연금을 수령할 권리를 아들이 상속받은 것이므로 상속재산에 포함된다. 아버지의 사망으로 연금수령권을 아들이 상속받아 아들 자신이 사망할 때까지 연금을 수령하는 것이므로 상속재산에 포함한다. 문제는 연금을 얼마로 평가할 것인가다. 상속세법에서는 연금의 수령방식에 따라 평가를 달리 하고 있다.

Q2 유기정기금은 어떻게 평가하나요?

유기정기금은 일정기한까지 정기적으로 일정액의 금전 등을 수령하는 연금으로 다음과 같이 ①과 ② 중 적은 금액으로 평가한다.

$$① \; \Sigma \times \frac{각 \; 연도에 \; 받을 \; 정기 \; 금액}{(1+3.5\%)^n}$$

② 1년분 정기금액 × 20

※ n: 사망일로부터의 경과연수

Q3 종신정기금은 어떻게 평가하나요?

종신정기금은 사망 시까지 정기적으로 일정액의 금전 등을 수령하는 것이다.

$$종신정기금 \; 평가 = \Sigma \times \frac{각 \; 연도에 \; 받을 \; 정기 \; 금액}{(1+3.5\%)^n}$$

※ n: 사망일로부터의 경과연수

종신정기금은 정기금을 받을 권리가 있는 자의 통계법 제18조에 따라 통계청장이 승인하여 고시하는 통계표에 따른 성별·연령별 기대여명의 연수(소수점 이하는 절사)까지의 기간 중 각 연도에 받을 정기금액을 기준으로 위 산식에 따라 계산한다.

Q4 아버지로부터 상속받은 연금은 15년간 매년 3,600만 원을 수령할 수 있는 확정연금상품입니다. 상속재산에 포함되는 연금은 '3,600만 원×15년'으로 산출한 5억 4,000만 원보다 많나요?

5억 4,000만 원보다 적다. 연금수령 기간이 정해진 경우에는 다음과 같이 ①과 ② 중 적은 금액인 약 4억 2,976만 원이 연금 평가액이며, 이 금액을 상속재산에 포함한다.

$$① \Sigma \times \frac{\text{각 연도에 받을 정기 금액}}{(1+3.0\%)^n} = \Sigma \times \frac{3,600만 원}{(1+30\%)^{15}} = 4억 2,976만 5,663원$$

② 1년분 정기금액×20 = 3,600만 원×20 = 7억 2,000만 원

※ n: 사망일로부터의 경과연수

Q5 4번 사례에서 아들이 50세부터 매년 연금을 3,600만 원씩 사망 시까지 수령한다고 할 때 상속재산에 포함될 연금은 얼마인가요? 통계청의 자료에 의하면 2016년 50세 남자의 기대여명은 31.1세입니다.

아들이 상속받은 연금은 사망할 때까지 수령하는 종신정기금이다. 따라서 상속세법상 종신정기금에 따라 평가해야 한다. 아들이 상속하여 수령하는 연금의 평가액은 다음과 같이 계산한다. 상속세법상 연금의 평가액은 약 6억 7,450만 원이다.

$$\text{종신정기금 평가} = \Sigma \times \frac{3,600만 원}{(1 + 30\%)^{15}} = 6억 \ 7,450만 \ 5,927원$$

Tip 연금 할인율에 따라 상속세 차이가 발생한다.

• 연금의 평가액은 할인율, 즉 기획재정부령으로 정하는 이자율이 얼마인가에 따라 차이가 발생한다. 기획재정부령으로 정하는 이자율이 낮으면 평가액은 높아져서 상속재산액이 많아지며, 그에 따라 상속세도 증가한다. 반대로 적용이자율이 낮으면 연금의 평가액은 낮아져서 상속재산가액도 적어지고 상속세도 적게 된다.

17

사전증여받은 재산만 있을 때도
상속세 세대생략할증과세를 하나요?

Q1 상속재산 30억 원에는 손자가 유증받은 5억 원이 포함되어 있습니다. 상속공제액은 총 12억 원이고 공과금과 장례비 및 채무는 없습니다. 손자가 상속을 받으면 할증과세된다고 하는데 추가로 내야 하는 상속세액은 얼마인가요?

피상속인의 자녀를 제외한 직계비속이 상속을 받는 경우(예를 들어 할아버지의 사망으로 아들이 생존해 있는 상황에서 손자녀가 상속을 받는 경우)에는 다음과 같이 계산한 금액 2,800만 원을 상속세 산출세액에 추가한다.

[할증과세하는 가산액]

$$= 상속세\ 산출세액 \times \frac{손자녀가\ 상속받은\ 재산가액}{총\ 상속재산가액} \times 30\%\ (또는\ 40\%)$$

$$= 5억\ 6,000만\ 원 \times \frac{5억\ 원}{30억\ 원} \times 30\%$$

$$= 2,800만\ 원$$

손자녀가 상속받은 재산에 대한 상속세 산출세액의 30%(미성년자로 상속받은 재산이 20억 원을 초과하는 경우에는 40%)를 추가로 내야 한다.

Q2 손자가 할아버지의 사망일 전 3년 전에 3억 원을 증여받은 적이 있습니다. 사전증여받은 3억 원은 상속재산에 포함되는데, 사전증여받은 3억 원에 대해서 30%의 할증과세가 적용되나요? 손자는 사전증여받은 3억 원 이외에 상속받은 재산이 없으며, 3억 원에 대해서 증여세를 제대로 신고납부했습니다.

할증과세하지 않는다. 손자가 할아버지로부터 증여받은 재산을 상속재산에 가산하는 경우에 그 손자가 상속받은 재산이 없는 때에는 상속세에 대해서 할증과세하지 않는다. 참고로 이 경우 기납부세액 공제액은 증여세 할증과세액은 제외한다. 즉, 증여세 할증과세액은 상속세 세액공제 시 차감하지 않는다.

사례의 상속세 계산과정

계산구조		사례
		상속재산 30억 원
−	공과금 · 장례비용 · 채무	0원
−	상속공제	12억 원
=	과세표준	18억 원
×	세율	40%
=	산출세액	5억 6,000만 원
+	할증과세	2,800만 원
−	신고세액공제	2,800만 원
=	납부할 세액	5억 6,000만 원

18

상속재산가액이 30억 원 이하일 때
배우자에게만 모두 상속하면
상속세가 없나요?

Q1 사망한 남편의 재산은 30억 원 이하입니다. 배우자공제는 30억 원까지 가능하다고 하니 아내가 모두 상속받으면 상속세가 없나요?

상속세를 내야 하는 상황이 발생한다. 배우자공제는 실제 배우자가 상속받은 금액을 공제하는데, 다음과 ①과 ② 중 적은 금액을 한도로 하기 때문이다.

[한도는 ①과 ② 중 적은 금액으로 한다]
① 30억 원
② 법정상속분에 상당하는 금액. 단, 10년 내 증여한 재산이 있으면 그 증여세 과세표준을 차감한다.

Q2 사망한 남편의 재산이 30억 원 또는 21억 원일 때 아내가 모두 상속받으면 상속세는 얼마나 되나요?

- 가족은 아내와 자녀 2명입니다. 금융재산은 10억 원입니다.
- 공과금과 장례비용 및 채무는 1억 원으로 아내는 승계 안한다고 가정합니다.

계산구조		상황 ①	상황 ②
		상속재산 30억 원	21억 원
−	공과금 · 장례비용 · 채무	1억 원	1억 원
−	상속공제	약 19억 8,571만 원 (배우자공제 약 12억 8,571만 원)	16억 원 (배우자공제: 9억 원)
=	과세표준	약 10억 1,428만 원	4억 원
×	세율	40%	20%
=	산출세액	약 2억 4,571만 원	7,000만 원
	세액공제	약 1,229만 원	350만 원
=	납부할 세액	약 2억 3,342만 원	6,650만 원

상황 ①의 경우 상속재산 30억 원에 대한 아내의 법정상속분은 약 12억 8,571만 원이며, 배우자공제액은 약 12억 8,571만 원이다. 상속재산 30억 원에서 공과금 등 1억 원과 배우자공제액을 포함한 상속공제액은 약 19억 8,571만 원으로 상속세를 약 2억 3,342만 원 내야 한다.

상황 ②에서와 같이 상속재산이 21억 원이라고 할 때에도 배우자공제액은 법정상속분인 9억 원까지만 받을 수 있다. 따라서 상속세는 6,650만 원이다. 사례에서 보듯이 아내가 모두 상속을 받더라도 상속받은 재산 모두를 공제받을 수 없기 때문에 상속세를 내야 한다.

19

기준시가가 올라갈 가능성 있는 상가건물은 증여시기를 앞당겨야 하나요?

Q1 남편의 재산 중 상업용 건물 2채(2층 상가와 업무용 빌딩 1호)와 오피스텔이 있는데, 주위에서 2층 상가를 가급적 빨리 증여해야 상속세를 줄일 수 있다고 합니다. 왜 그런가요?

오피스텔과 건물 연면적이 3,000㎡ 이상이거나 100호 이상인 상업용건물은 매년 국세청에서 기준시가를 토지와 건물에 대해서 일괄고시한다. 이때 고시되는 기준시가는 시세의 80% 정도다. 그 외의 상가의 기준시가는 토지는 개별공시지가, 건물부분은 신축가격 등을 고려하여 계산하기 때문에 시세와의 괴리가 크다. 시세 대비 50%도 안 되는 경우가 많다.

사전증여로 인한 상속세 절세효과는 당연히 토지와 건물에 대한 일괄고시가 되지 않는 상가가 크다. 그런데 앞으로는 토지와 건물에 대해 일괄고시되지 않는 상가에 대해서도 시세반영율을 높여 기준시가를 일괄

구분		기준시가	시세 반영률
오피스텔	전체	토지와 건물 일괄고시	80%
상업용건물	연면적 3,000㎡ 이하 또는 100호 이상		
기타 상가 등		토지: 개별공시지가 건물: 신축가격 등	40~50%

고시할 가능성이 크다. 일괄고시 후에 증여를 하면 상속세 절세효과가 상대적으로 크지 않으므로 일괄고시 전에 사전증여를 해놓은 것이 상속세 절세효과가 크다.

Q2 기준시가를 일괄고시하는 오피스텔과 상업용건물의 2005년 대비 2018년의 기준시가는 얼마나 차이가 나나요? 예를 들어 설명을 해주세요.

실제 서울 강남에 있는 A상업용건물과 서초에 있는 B오피스텔의 2018년 기준시가는 2005년 기준시가 대비 2~3배 이상 상승하였다.

구분	면적	기준시가		상승률 (2005년 대비)
		2005년	2018년	
A (상업용건물)	65,820㎡	2억 6,281만 9,260원	8억 919만 1,080원	약 208%
B (오피스텔)	39,830㎡	1억 841만 7,260원	4억 5,728만 8,230원	약 322%

표에서 보듯이 상업용건물과 오피스텔의 기준시가는 통상 시가의 80%

로 반영하여 고시하는데, 매년 꾸준히 상향조정되어 고시된다. 단기적으로는 기준시가의 상승이 크지 않지만 10년 내지 20년 이후에는 기준시가의 괴리가 상당히 커서 사전증여 여부에 따라 상속세 차이가 클 수밖에 없다.

Q3 사례에서 A상업용건물과 B오피스텔을 2005년에 증여를 한 경우의 상속세와 증여를 하지 않았을 때의 2018년 사망 시 상속세 차이는 얼마인가요? (A와 B를 제외한 사망자의 재산은 총 30억 원이고 상속인은 자녀 2명뿐이며, 공과금과 채무는 3억 원, 금융재산상속공제는 2억 원이라고 가정합니다.)

A와 B를 사전증여하지 않을 경우 상속재산에 포함될 A와 B의 재산 가액은 사망일의 기준시가인 12억 6,647만 9,310원이다. 따라서 총 상속재산은 42억 6,647만 9,310원이다. 공과금과 채무 3억 원과 금융재

계산구조		사전증여를 하지 않은 경우	사전 증여를 한 경우
		42억 6,647만 9,310원	30억 원
−	공과금 · 장례비용 · 채무	3억 원	3억 원
−	상속공제	7억 원	7억 원
=	과세표준	32억 6,647만 9,310원	20억 원
×	세율	50%	40%
=	산출세액	11억 7,323만 9,655원	6억 4,000만 원
−	세액공제	5,866만 1,982원	3,200만 원
=	납부할 세액	11억 1,457만 7,673원	6억 800만 원

산공제 2억 원 및 인적공제 5억 원을 차감한 과세표준은 32억 6,647만 9,310원이고, 이에 대한 납부할 상속세는 총 11억 1,457만 7,673원이다. 그러나 2005년에 A와 B를 사전증여하였다면 A와 B의 재산가액은 상속재산에 포함되지 않으므로 상속재산은 30억 원이다. 따라서 공과금과 채무 3억 원과 금융재산공제 2억 원 및 인적공제 5억 원을 차감한 과세표준은 20억 원이며, 이에 대한 납부할 상속세는 총 6억 800만 원이다. 표에서 보듯이 사전증여를 하였다면 4억 3,057만 7,670원의 상속세를 절세할 수 있다.

20
공익법인에 출연하는 재산의
상속세 과세 제외는 어떻게 되나요?

Q1 고령이신 아버님께서 상속세를 걱정하시던 중에 학교재단 등의 공익법인에 재산을 출연하면 상속세를 내지 않는다는 얘기를 들으시고 소유 주식과 부동산 등의 재산을 공익법인에 출연하시려고 합니다. 공익법인에 출연하는 재산은 모두 상속세를 내지 않나요?

피상속인이나 상속인이 상속세 신고기한 내에 종교나 자선, 학술 등의 불특정다수의 이익을 위한 사업을 목적으로 하는 공익법인에 출연한 재산은 상속세 과세대상에서 제외되어 상속세를 내지 않는다. 또한 공익법인이 출연 받은 재산은 증여세도 내지 않는다.

주의할 사항은 공익법인에 출연하는 재산이 주식 또는 출자지분인 경우에는 5%(성실공익법인은 10% 또는 20%)까지 상속세가 과세되지 않는다. 출연하는 재산이 주식 이외의 재산(부동산 등)이라면 전액 상속세 과세대상에서 제외된다.

Q2 공익법인에 출연하는 주식에 대한 제한은 구체적으로 어떻게 되나요?

출연 받는 공익법인이 일반공익법인인가 아니면 성실공익법인인가 여부에 따라 상속세와 증여세 과세여부가 달라진다. 일반공익법인에 의결권 있는 주식이나 출자지분을 출연할 경우 해당 내국법인의 의결권 있는 주식의 발행 총수의 5%이내는 상속세를 과세하지 않지만 5%를 초과하는 부분은 상속세 또는 증여세를 내야 한다.

출연 받은 법인	출연 범위		상속세 또는 증여세 과세여부
일반공익법인	5% 이내		상속세와 증여세 제외
	5% 초과		5% 초과분은 상속세 또는 증여세 과세
성실공익법인	10% 이내		상속세와 증여세 제외
	10% 초과	특정요건 불충족	10% 초과분은 상속세 또는 증여세 과세
		특정요건 충족	20%까지 상속세와 증여세 제외

그러나 성실공익법인에 의결권 있는 주식이나 출자지분을 출연하면 원칙적으로 10% 이내까지 상속세와 증여세를 과세하지 않는다. ①, ②의 요건을 모두 충족한 성실공익법인의 경우에는 20%까지 상속세와 증여세를 과세하지 않는다.

① 출연 받은 주식이나 출자지분의 의결권을 행사하지 않을 것
② 자선·장학 또는 사회복지를 목적으로 할 것

> **Tip 1**　**성실공익법인이란?**
> 성실공익법인이란 운용소득의 80% 이상을 직접 공익목적사업에 사용하는 공
> 익법인으로 출연자와 그 특수관계인이 이사 현원의 20%를 초과하지 않으면
> 서 외부감사의 이행과 전용계좌 개설 및 사용, 결산서류 등의 공시 이행과 장
> 부의 작성과 비치 등의 세법상의 요건을 충족한 법인을 말한다. 성실공익법인
> 은 5년마다 납세지관할 지방국세청장의 확인을 받아야 한다.
>
> **Tip 2**　**출연 후 성실공익법인이 아니라면?**
> 출연 당시에는 성실공익법인이었으나 출연 후 성실공익법인에 해당하지 않는
> 경우에는 5% 초과분에 대해서 상속세를 내야 한다.

Q3 출연 범위(5%, 10%, 20%)를 초과하여 출연하면 무조건 상속세를 내야
하나요?

출연범위를 초과하더라도 다음 ①~③까지의 요건을 모두 갖추어 출연
하는 경우에는 상속세를 과세하지 않는다.

① 상호출자제한 기업집단과 특수관계에 있지 않은 성실공익법인에 출
연자와 특수관계 없는 내국법인의 주식을 출연하는 경우로 주무부장관
이 인정하는 경우다.

② 성실공익법인이 10% 또는 20%를 초과하여 출연 받은 후 3년 이내
에 초과분을 매각하는 경우다.

③ 공익법인의 설립·운영에 관한 법률 및 그 밖의 법령에 따라 내국법

인의 주식 등을 출연하는 경우다.

Q4 공익법인에 출연 범위 내에서 주식 등을 출연하면 세금상으로는 아무런 문제가 없나요?

재산을 출연 받은 공익법인 등이 사후관리요건을 위반하여 증여세가 추징되는 경우에는 당초 출연자에게도 증여세 연대납세의무가 있으므로 주의해야 한다.

출연 받은 공익법인이 출연 받은 재산을 직접 공익목적사업 이외에 사용하거나 3년 이내에 사용하지 않으면 증여세를 부과한다. 또한 출연 받은 재산을 수익사업에 운용하여 얻은 소득을 직접 공익목적사업 이외에 사용하더라도 증여세를 내야 한다. 만약 공익법인이 출연 받은 재산을 매각한다면 매각대금을 매각한 날이 속하는 과세기간 또는 사업연도의 종료일부터 3년 이내에 90% 이상을 직접 공익목적사업에 사용해야 한다. 직접 공익목적사업에 사용한 금액이 90%에 미달하면 그 미달 사용금액에 대해서는 3년이 경과하는 날을 증여시가로 하여 증여세가 과세된다.

제일 먼저 오랜 기간에 걸쳐 상담한 수많은 고객 분들께 감사의 말씀을 드립니다. 이 책은 그 분들의 상담과 사례들이 없었으면 출간할 수 없었습니다.

상속과 관련한 일을 처리하면서 가장 아쉬웠던 점은 부모님이 열심히 일해서 남겨주신 재산을 두고 남아 있는 상속인들이 서로 다투는 모습을 보는 것과 사전에 세무전문가의 조언을 받아 상속을 대비했다면 부담할 상속세가 더 줄어들 수 있었을텐데 하는 것이었습니다.

이 책은 저자들의 이러한 아쉬움을 해소하고 싶어 쓴 것입니다. 그래서 일반인들이 실생활에서 부딪히는 상속관련 분쟁과 상속세 문제를 어떻게 준비하고 해결해야 하는가에 심혈을 기울였습니다. 특히 실수가 많이 발생하는 사건을 체계화하여 사례형식으로 집필하였습니다.

또한 소중한 부모님의 재산을 상속인들이 가급적 최소의 상속세를 내면서 받을 수 있는 방법을 제시하였습니다. 다만 상속받을 때 부담하는 상속세 최소화에만 초점을 맞춘 것이 아니라 상속 이후에 상속인들이 상속재산을 운용(매도 등)함에 있어서 발생하는 세금(양도세 등)도 함께 고려하여 최소화하는 방법을 제시하고자 했습니다. 상속단계에서 발생하는 상속세만을 해결하고자 하면 상속 이후에 더 큰 세금이 발생하여 재산상의 손실이 발생하는 사례들이 많았기 때문입니다.

이러한 관점에서 필자들은 일반인들이 이 책을 통해 언제 어디서든 상속분쟁 해결과 상속세 절세를 바로 활용할 수 있고, 상속관련 의사결정을 할 때 판단기준을 세울 수 있도록 돕고 싶었습니다. 의도가 제대로 전달되었으면 합니다.

단순한 법조문이나 세율 또는 계산방법 등은 기억하지 않아도 됩니다. 앞서 언급했듯 상속관련 상황이 발생하면 이 책에서 해당 내용을 찾아 자신만의 의사결정기준과 방법을 도출해내면 됩니다.

이 책이 상속관련 분쟁예방과 상속세 절세에 조금이라도 도움이 되었으면 합니다. 아울러 이 책을 출간할 수 있도록 도움을 주신 매경출판 전호림 대표이사님, 권병규 팀장님, 오수영 편집자님께도 감사의 말씀을 드립니다.

공저자 일동

39가지 사례로 보는 똑똑한 상속의 모든 것

세금은 아끼고 분쟁은 예방하는 상속의 기술

초판 1쇄   2018년 6월 15일
2쇄   2018년 6월 25일

지은이   최봉길, 김종필, 전오영, 양소라
펴낸이   전호림
책임편집   오수영
마케팅   박종욱 김혜원
영업   황기철

펴낸곳   매경출판㈜
등록   2003년 4월 24일(No. 2-3759)
주소   (04557) 서울시 중구 충무로 2(필동1가) 매일경제 별관 2층 매경출판㈜
홈페이지   www.mkbook.co.kr
전화   02)2000-2634(기획편집) 02)2000-2646(마케팅) 02)2000-2606(구입 문의)
팩스   02)2000-2609   **이메일**   publish@mk.co.kr
인쇄·제본   ㈜M-print 031)8071-0961
ISBN   979-11-5542-857-3(03320)

책값은 뒤표지에 있습니다.
파본은 구입하신 서점에서 교환해 드립니다.

이 도서의 국립중앙도서관 출판예정도서목록(CIP)은 서지정보유통지원시스템 홈페이지(http://seoji.nl.go.kr)와
국가자료공동목록시스템(http://www.nl.go.kr/kolisnet)에서 이용하실 수 있습니다.
(CIP제어번호:CIP2018015406)